Einführung.

---

1. Die vorliegende Monographie basiert auf dem Studium ausgewählter Texte in hundert Sprachen. Die eine Hälfte derselben sind Indogermanische, die andere Indonesische und mit den Indonesischen verwandte Idiome.

2. Meine Monographien gelten dem IN im strengen Sinne; ich ziehe daher die mit ihm verwandten Sprachen des Festlandes, wie das Cam, und die der Südsee, wie das Samoanische, das Moanus etc., mehr nur gelegentlich heran.

3. Es gibt eine nicht geringe Zahl von IN Sprachen und Dialekten, von denen wir nur Texte kleinern Umfangs besitzen, wie das Togianische. Solche Idiome habe ich auch verwendet, sie sind aber in der Zahl der fünfzig IN Sprachen des § 1 nicht inbegriffen.

4. Sprachen, von denen wohl Lehrbücher, aber keine Texte veröffentlicht sind, wie das Laoranesische, habe ich von meiner Betrachtung ausgeschlossen.

5. Aus den fünfzig IN Literaturen des § 1 habe ich folgende Produkte als besonders fruchtbar für die vorliegende Untersuchung erkannt und ihnen daher eine besondere Aufmerksamkeit zugewendet:

Heldenhaftes Epos:

Datu Museng, Makassarisch; Südcelebes.

Höfisches Epos:

Nagarakrĕtagama, Altjavanisch; Java.

Familiäres Epos:

Bidasari, Malayisch; Malakka.

Primitive Lyrik:

Sasambolieder, Sangirisch; Sangirinseln.

Kinderlieder:

Mano-Mano Ndraono, Niasisch; Insel hinter Sumatra.

Volkslyrik, besonders Minnelied:

Hain-Teny, Howa; Madagaskar.

Elegie:

Totenklage, Makassarisch; Südcelebes.

Odenstil:

Tanzhymnus, Niasisch; Insel hinter Sumatra.
Gasthymnus, „ „ „ „

Rituelle Lyrik:

Totenlieder, Basa Sangiang; Borneo.

Satire, gegen Feigheit:

Elong Osong, Bugisch; Südcelebes.

Allegorie:

Elong Maqliyung Bĕttuwanna, Bugisch; Südcelebes.

Sprichwort:

Pĕmiĕ, Bĕsĕmah; Sumatra.

Einfaches Rätsel:

Aoqo, Talautisch; Inseln zwischen Celebes und den Philippinen.

Rätselgeschichte:

Torhantorhanan, Toba; Sumatra.

Ernstes Drama:

Rizals Tell, Tagalisch; Philippinen.

Heiteres Drama:

Prabu Dewa Sukma, Javanisch; Java.

Tierdramolett:

Hahn und Affe, Rottinesisch; Insel gegen Neuguinea.

Mythologische Erzählung:

Lumawig, Bontokisch; Philippinen.

Märchen:

Laga-Man, Karo; Sumatra.

Tiererzählung:

Wielenga's Texte, Kamberisch; Insel gegen Neuguinea.

Historische Sage:

Paupau Rikadong, Bugisch; Südcelebes.

Chronik:

Sajara Mĕlayu, Malayisch; Malakka.

Kulturgeschichtliche Erzählung:

Hang Tuwah, Malayisch; Malakka.

Anekdotenhafte Erzählung:

Sundermanns Texte, Dayakisch; Borneo.

Humoristische Erzählung:

Die Geschichte von den dummen Leuten, Baree; Mittelcelebes.

Primitive Erzählungskunst:

Morris' Texte, Mentaway; Insel hinter Sumatra.

Komplizierte Erzählungskunst:

Der Märchenroman Jayalankara, Makassarisch; Südcelebes.

Renward Brandstetter

Indonesich und Indogermanisch im Satzbau

Verone

Renward Brandstetter

Indonesich und Indogermanisch im Satzbau

1st Edition | ISBN: 978-9-92500-075-3

Place of Publication: Nikosia, Cyprus

Erscheinungsjahr: 2016

TP Verone Publishing House Ltd.

Nachdruck des Originals von 1914.

Einfache Beschreibung:

Das Flurpriestertum, Tontemboanisch; Nordcelebes.

Rhetorik:

Die Grabrede von Südimerina, Howa; Madagaskar.

Briefstil:

Matthes' Sammlung, Bugisch; Südcelebes.

Philosophische Abhandlung:

Kamahayanikan, Altjavanisch; Java.

Fachwissenschaftliche Abhandlung:

Metrik des Mpu Tanakung, Altjavanisch; Java.

Jus:

Code Amanna Gappa, Bugisch; Südcelebes.

Amtsstil:

Proklamation der Ranavalomanjaka, Howa; Madagaskar.

Uebersetzungskunst:

Das Prosa-Mahabharata, Altjavanisch; Java.

Anmerkung. Wo es sich um seltenere Erscheinungen handelt, wird nach Seiten- und Zeilenzahl zitiert.

6. Wenn ich auch diese Monographie durchaus auf dem selbständigen Studium von Texten aufbaue, so konnte ich dennoch, wenigstens bei den IN Sprachen, nicht ganz über die bestehenden Lehrbücher hinwegschreiten. Anleihen, die ich gemacht habe, z. B. beim Cam-Wörterbuch von Aymonier und Cabaton, bei der Javanischen Grammatik von Poensen, etc., sind durch einen Vermerk in eckiger Klammer gekennzeichnet.

7. Ich ziehe in dieser Monographie Parallelen zwischen dem IdG und dem IN. Ein solches Unternehmen lässt sich mit verschiedenen Gründen rechtfertigen. Ich will einen einzigen Grund, einen methodologischen, anführen: Wie man die Kraft eines Ringers erst dann recht erkennen kann, wenn sich ein zweiter Ringer mit ihm misst, so kann man auch erst dann das Wesen eines Sprachstammes mit voller wissenschaftlicher Schärfe erfassen, wenn man einen zweiten vergleichend daneben hält. Eine weitere methodische Frage ist allerdings die: Soll der Forscher die gefundenen Parallelen oder Abweichungen für sich behalten, oder soll er sie dem Leser mitteilen? Ich glaube, bei gewissen Materien, so gerade beim Satzbau, sei es auch für den Leser erspriesslich, die Vergleichungen kennen zu lernen.

8. Es erhellt schon aus dem vorhergehenden Paragraphen, dass mir die Darstellung der IN Verhältnisse das Primäre ist. Ich gehe daher bei den IN Partien bedeutend mehr ins einzelne als bei den IdG. So behandle ich nur bei den IN Spracherscheinungen die Häufigkeit des Vorkommens innerhalb der Einzelsprachen, die Weite der Verbreitung über den Sprachstamm, die reinliche Scheidung der Kategorien, u. a. m.

Zur Terminologie.

9. Die Indonesier sind nicht ohne Kenntnis der Begriffe: „Wortarten“, „Satz“, „Satzteile“. Die Sundanesen z. B. bezeichnen, was Person oder Sache ist, mit ṅ a r a n „Name“; was keine Selbständigkeit hat, fassen sie zusammen als b a s a „Sprache“ [Coolsma]. Gewisse IN Völker haben ein eigenes Interpunktionssystem, sie müssen sich also Vorstellungen vom Satz und seinen Teilen machen.

Allein alle diese IN Anschauungen und die daraus resultierende Terminologie sind zu primitiv; ich halte mich daher an die IdG Terminologie und rede von Subjekt, Prädikat, etc.

Das Subjekt.

10. Im IdG kann das Subjekt bezeichnet werden: I. Durch die Personalendung beim konjugierten Verbum. Altindisch, aus dem Nala: Du wirst eintreten. = P r a v e k š y a s i. Mit -s i wird das Subjekt „Du“ ausgedrückt. — II. Durch das Nominativformans bei der Deklination. Altpreussisch, aus den Texten bei Trautmann: Denn der Mann ist des Weibes Haupt. = B e g g i s t a s w i j r s a s t s t e i s e i G e n n a s g a l l ū. Das -s in w i j r s ist Nominativzeichen. — III. Durch die Artikelform. Althochdeutsch, aus dem Muspilli: Der Würger ist gewaffnet. = D e r u u a r c h i s t k i u u å f a n i t. Hier hat das Subjekt u u a r c h kein Nominativzeichen, wohl aber der dasselbe begleitende Artikel d e r. — IV. Durch die Stellung. Französisch, aus Racines Iphigénie: L e j e u n e A c h i l l e e n f i n r e c h e r c h e v o t r e f i l l e. Nur durch die Stellung vor dem Prädikat ist A c h i l l e als Subjekt charakterisiert.

Im IN kann das Subjekt bezeichnet werden: I. Durch das Personalformans. Tettum, aus den Mathijsen’schen Gesprächen: Das Pferd ist weggelaufen. = k u d a n a l a i t i a n. Mit n- wird das Subjekt „er, sie, es“ ausgedrückt; der Infinitiv lautet h a l a i; t i a n ist Zeichen des Präteritums. Personalformantien finden sich nur bei einer Minderzahl der IN Sprachen, besonders bei solchen, die auf den Inseln gegen Neuguinea hin gesprochen werden. Näheres in meiner Monographie über das Verbum. — II. Durch das Nominativformans in der pronominalen Deklination. Hova, aus Rahidy's Fabeln: Ich willige ein. = W. + ein ich. = manaiky aho. aho ist Nominativ oder Kasus rectus, der Kasus obliquus lautet ahy. Die pronominale Deklination, besonders beim Personalpronomen, treffen wir vor allem auf Madagaskar, den Philippinen, auf gewissen Inseln gegen Neuguinea. Eine Deklination des Substantivs kennt das IN, von geringen Ansätzen, siehe § 130, abgesehen, nicht, und das macht einen Hauptunterschied im Satzbau des IN und der ältern IdG Sprachen aus, dagegen wird dadurch eine Annäherung an den Charakter der romanischen Sprachen bewirkt. — III. Durch die Kurzform der Personalpronomina. Bisayisch, aus der Geschichte von Juan und Maria: Du bist doch älter. = Ä. du doch. = magulaṅ ka man. ka ist die unbetonte, nur als Nominativ figurierende Kurzform für die Vollform ikao „du". In gewissen Idiomen, wie im Malayischen, steht die Kurzform nur als Subjekt, in andern gilt diese Einschränkung nicht. Im Makassarischen und im Bugischen kann zugleich ein proklitisches und ein enklitisches Kurzpronomen an das Prädikat treten; in diesem Falle ist das proklitische Pronomen Subjekt. Bugisch, aus Brief Nomoroq 1: Ich schicke sie. = upatiwiriwi. — IV. Durch den Status konstruktus. Niasisch, aus der Gema des Gasthymnus: Es freut sich uns das Herz. = F. + sich uns H. = owua choda dodo. dodo ist Status konstruktus zum Status absolutus todo „Herz". Näheres über diese sprachliche Erscheinung, die nur dem Niasischen eigen ist, siehe § 180. — V. Durch eine besondere Artikelform. Tagalisch, aus dem Tell: Das Wasserhuhn taucht unter. = T. + unter das W. = nasisid aṅ kasili. aṅ ist ausschliesslich Nominativform. Eigene Nominativformen für den Artikel finden wir besonders auf den Philippinen und auf Nordcelebes. — VI. Durch eine besondere Nominativpräposition Samoanisch, aus der Geschichte vom Stern Matamemea: Der Name von der Frau (war) Faagalo = 'o le igoa o le fafine 'o Faagalo. 'o, nicht zu verwechseln mit dem Genitivzeichen o, steht beim Subjekt und beim prädikativen Substantiv. Es ist entstanden aus kon und dieses aus kĕn, es ist also verwandt mit Malayisch akan, entstanden aus akĕn, das gelegentlich auch beim Subjekte steht. Beleg aus Hang Tuwah, Ausgabe Brons Middel, S. 31, Zeile 9: Und von diesem (= itu) Zwerghirsch wurde gebissen der Hund. = maka oleh pĕlanduq itu digigitña akan anjiṅ itu. — VII. Durch eine besondere, zwar nicht obligatorische, aber sehr oft auftretende Subjektspartikel; eine solche ist das Malayische pun; aus der Chronik „Sajara Mĕlayu": Der Sultan pun begab sich zum Palast;

die Diener p u n erschienen; der Sultan p u n war sehr erfreut; etc. — VIII. Durch die Stellung, siehe § 15.

11. Wird im IdG das Subjekt nicht bloss am Verbum, durch das Personalformans, sondern durch ein besonderes Wort bezeichnet, so ist noch folgendes zu beachten: I. Das Subjekt ist ein Substantiv. Lettisch, aus der Geschichte von der Erschaffung der Düna: Gott kam herbei. = D e e w s a t n a h z a. — II. Ein Pronomen. Serbisch, aus dem Volkslied vom Tod der Mutter der Iugowitsche: Sie eilt aufs Amselfeld. = O n a l e t i n a K o s o w o. — III. Endlich können auch alle andern Wortarten und ganze Formeln als Subjekt figurieren, dabei tritt oft Substantivierung vermittels des Artikels ein. Luzäärner Rootwältsch: Immer Kalbfleisch essen ist nicht angenehm. = D a s e i s t i g H o o r b o g e c h i n d s b u s i h a c h l e n i s c h n i d d o o f.

Im IN gelten die gleichen Beobachtungen. I. Das Subjekt ist ein Substantiv. Altjavanisch, aus dem Kamahayanikan: Am Ende davon wird der Geist erleuchtet. = r i h u w u s n i k â d a d i t a ṅ m a n a h a l i l a ṅ. — II. Es ist ein Pronomen. Ilokanisch, aus den Gesprächen bei Naves: Wer (ist) dieser? = a s i n o d a y t o y? Talautisch, aus den Rätseln: Was (ist) das? = a p a u d e? — III. Es ist eine andere Wortart oder eine Formel, oft substantiviert mittels des Artikels, oder, wo dieser fehlt, durch das abgeschwächte, artikelhafte Demonstrativ oder das Relativ. Bankalanisch, aus der Geschichte vom Buckligen und Blinden: Der Blinde war wieder blind. = Welcher b. b. wieder. = s e b u t a b u t a p o l e. Malayisch, aus dem Hang Tuwah, S. 40, Zeile 19: Ja, das Töten da ist eine leichte Sache. = Ja, welches Töten da S. l. = a d a p u n y a ṅ m ĕ m b u w a ṅ k a n i t u p ĕ k ĕ r j a a n m u d a h. Dayakisch, aus Sundermanns Texten: Sie beabsichtigten auf das Essen zu warten. = Auf das Essen zu warten, war ihre Absicht. = Absicht ihre warten + auf E. = a d o e m e n d ä h b a r i. Substantivkonstruktionen, wie sie dieser letzte Satz enthält, sind sehr beliebt, bei den Begriffen des Sagens, Meinens, Wollens, sie sind GemeinIN. Ich habe darüber in einer frühern Monographie abgehandelt.

12. Im Griechischen kann ein von e i s, p e r i, k a t a regierter Akkusativ als Subjekt auftreten, in Sätzen wie „Es starben ungefähr tausend Menschen". Im Bontokischen treffen wir von der Präposition s i regierte Substantive in einer ähnlichen Funktion. Aus dem Kolling, S. 558, Zeile 1: Sogleich (gibts) etwas Holz. = s a n a k a y s i l i p a t. k a y ist Partikel der Hervorhebung.

13. In der Sprache der alten Schweizerchroniken wird das Pronomen „Er sie es" als Subjekt oft weggelassen. Aus Tschudi's Chronik:

Die Frow erschrack, und ward Ira angst, bat Gott in Irm Hertzen.

In mehreren IN Sprachen begegnen wir einer gewissen Scheu vor dem Pronomen „Er sie es“, wohl daher rührend, dass dasselbe das Geschlecht nicht unterscheiden kann, was zu Zweideutigkeiten führen könnte. Es wird daher als Subjekt, aber auch als Objekt, oft weggelassen, oder es wird das Pronomen nicht verwendet, sondern das Substantiv wiederholt. So heisst es in der Cam Geschichte vom Prinz Kokosnuss nicht: „Die Prinzessin zog den Ring vom Finger, darauf gab sie ihn der Mutter“, sondern: „Die Prinzessin zog den Ring vom Finger, darauf gab die Prinzessin der Mutter.“

14. Die unbestimmten Pronomina „Es“ und „Man“ als Subjekt. Im IdG finden wir folgende Möglichkeiten: I. Die Sprachen haben ein eigenes Wort für das unbestimmte Subjekt. Rätoromanisch-Surselvisch, aus der Passion von Sumvix: Ja das kann man tun. = Bein quei po ins far. „Ins“ ist gleich dem deutschen „Man“. — II. Man verwendet die Maskulinform des Pronomens „Er sie“. Französisch: il pleut. — III. Man braucht ein Substantiv. Griechisch, aus Homer: Es regnete. = Zeys hye. — IV. Das Personalformans der dritten Person versieht diesen Dienst. Lateinisch: Man sagt. = dicunt.

Im IN wird das Pronomen „Es“ auf folgende Weisen wiedergegeben: I. Es existiert ein besonderes unbestimmtes Pronomen. Das findet sich im Bontokischen, und das Pronomen lautet sa. Aus der Beschreibung der Schlacht bei Kaloqokan: Es ist eine Lüge. = L. es. = enak sa. — II. Es wird das Pronomen „Er sie“ verwendet. Makassarisch, aus dem Jayalankara: Es war Nacht. = baṅimi. i ist Kurzform des Pronomens „Er sie“; m < mo ist Nachdruckpartikel. — III. Man braucht ein Substantiv. Bontokisch, aus dem Lumawig: Es war Nachmittag. = N. die Zeit. = nakšip nan talon. Bontokisch, aus der Geschichte von der Ratte: Es wurde Morgen. = M. die Welt. = mauwakaš nan fatauwa. Howa, aus der Grabrede: Es wird Nacht. = Nacht der Tag. = harivany andro. Diese Wiedergabe vermittels eines Substantivs ist im IN sehr verbreitet. — IV. Das Personalformans des Verbums, dritte Person Einzahl, drückt das „Es“ aus. Rottinesisch, aus dem Tierdramolett: Es blitzt, paff! = nandela, daṅ. nandela ist dritte Person Einzahl zum Infinitiv andela. — V. Es wird die dem Infinitiv und Partizip des IdG zugleich entsprechende allgemeine Verbalform, ohne weitere Beifügung, gesetzt, bei Sprachen, die keine Personalformantien haben. Tagalisch, aus dem Tell: S' kommt Regen, Fährmann. = Wird regnen, F. = uulan, baṅkero.

Das Subjekt „Man" wird im IN wiedergegeben: I. Durch das Substantiv „die Menschen". Bugisch, aus Brief Nomoroq 13: (In jenem Kampong) hat man es. = Haben Menschen die. = b o l a i t a u w e. Diese Ausdrucksweise ist weitverbreitet. — II. Durch die dritte Person Plural, oder, wo keine Personalformantien existieren, durch die allgemeine Verbalform. Dayakisch, aus den Sundermannschen Texten: Man bittet, es wird aber nicht gegeben. = Bitten nicht gegeben + werden. = b a l a k u d i a i n e ṅ a. Auch diese Ausdrucksweise ist weitverbreitet. Besonders oft treffen wir, z. B. im Altjavanischen, im Karo, Gerundialwendungen nach folgendem Muster: Altjavanisch, aus der Metrik: (Die Gayatri hat sechs Silben), muss man wissen. = h u n i - ṅ a n. h u n i ṅ a n besteht aus Grundwort h u n i ṅ a + Gerundialformans -ĕ n.

15. Die Stellung des Subjektes im Satze, besonders im Verhältnis zum Prädikat. — In denjenigen IdG Sprachen, die strengere Stellungsregeln haben, finden wir häufig die Erscheinung, dass das Subjekt dem Prädikat vorausgeht. So folgt im Lettischen das Prädikat dem Subjekt nach, besonders wenn es ein Adjektiv ist. Aus der Erschaffung der Düna: Bär und Maulwurf waren ganz schwarz. = L a h z i s u n k u r - m i s b i j a w i s z a u r m e l n i. Im Altspanischen geht dagegen das Prädikat gern voraus. Aus der Vida de Santo Domingo de Silos: (Es) hatten grosse Scham dabei die Bauern. = O v i e r o n g r a n t v e r g u e n ç a e n e s t o l o s p e o n e s.

In den einen der IN Sprachen geht das Subjekt dem Prädikat voraus, in den andern folgt es, und diese letztern mögen die Mehrheit sein. — I. Das Subjekt geht voraus, z. B. im Moanus. Die Moanus Geschichte „Souh" beginnt: Ein Mann fischte. Ein Geist wollte ihn fressen. Er floh in den Wald. Ein Baum tat sich auf. Der Mann schlüpfte hinein. — II. Das Prädikat geht voraus. In der Samoanischen Erzählung von der Erschaffung Samoas heisst es: Ging hinunter der Tuli und sah nach. Verfault waren die Schlingpflanzen. Gewachsen waren grosse Würmer. Ging zurück der Tuli.

Das Prädikat.

16. Das Prädikat kann im IdG ausgedrückt werden: I. Durch eine Verbalform. Dänisch aus Holbergs „Jeppe paa Bierget": Alles in der Welt trinkt. = A l t i n g i V e r d e n d r i k k e r. — II. Durch ein Substantiv oder Adjektiv. Niedersorbisch, aus dem Testament des M. Jacubica: Ist er nicht der Zimmermann? = N e y w o n t e n twarcz? — III. Durch irgend eine andere Wortart. Luzäärnertüütsch: Sind die Kartoffeln auf dem Feuer? = Sind d'Hääperen oob? Oob ist Adverb.

Im IN kann das Prädikat ebenfalls ausgedrückt werden: I. Durch eine Verbalform. Mentaway, aus den Morris'schen Texten: Die Jungfrauen laufen fort. = tai okomutuitui. — II. Durch ein Substantiv oder Adjektiv. Tarakanisch, aus der Geschichte Ulun Bainkui: Sind diese Männer ihre Freunde? = M. d. F. i.? = ulun gitu dańan na? Betsileo: Ist der Soundso krank? = marary ve Ranona? ve ist Fragepartikel. — III. Durch eine andere Wortart. Makassarisch, aus dem Datu Museng: Welches sind seine Blüten? = W. B. s.? = kenna buńa na? Tontemboanisch, aus dem Flurpriestertum: Das ist so. = ĕniitu ja tanaqi.

17. Ist das Prädikat ein Verbum, so kann dies, im IdG wie im IN, ein einfaches Verbum sein, oder eine Zusammenstellung, bestehend aus Hilfswort + Hauptverb. — I. Einfaches Verbum, Altpolnisch, aus der Sophienbibel: Und Jakob diente um Rachel. = Tedi Jacob sluzyl z Rachel. — Neujavanisch, aus Prabu Deya Sukma: Sie ruhen (und) sprechen mit einander. = kendĕl pocapan. — II. Verbum + Hilfsverb. Altschwedisch, aus dem Dalagesetz im Lesebuch von A. Noreen: Der Küster soll läuten. = Kluckare scal ringia. — Makassarisch, aus dem Jayalankara: Er wird ein grosser König werden. = Er wird werden K. g. = iya sallań ajari karaeń lompo.

Zu den Hilfswörtern gehört auch die Präposition in einigen IdG und IN Sprachen. So steht Französisch de vor dem historischen Infinitiv. — Malayisch: Das Kind wird sterben. = anak akan mati. akan ist Präposition mit weitem Bereich.

18. Die IdG Kopula. Ist das Prädikat ein Nomen, so wird es im IdG durch die Kopula mit dem Subjekt verknüpft. Literarisches Neugriechisch, aus Rangabé's Dionysos: Eine Räuberbande seid ihr. = leistōn agelē eisthe seis. Diese Kopula ist ein Verbum, das zugleich die Bedeutung von „irgendwo sein, existieren“ hat. Sie ist nicht überall absolut notwendig, wie z. B. folgende Fälle zeigen: Altindisch, aus dem Nala: Ich (bin) Indra. = Aham Indro. Alttschechisch, aus dem Wittenberger Psalter: Der Herr ist dein Schirm. = H. Sch. dein. = hospodyn zaslona twa.

Die IN Sprachen haben auch ein Verbum, das „existieren, irgendwo sein“ bedeutet, es lautet z. B. im Cam jyöń. Dieses Verbum wird in ganz wenig Sprachen, so im Sundanesischen und im Cam, als Kopula verwendet, aber nur in bestimmten eingeschränkten Fällen, im Sundanesischen, wenn das prädikative Substantiv einen Stand, eine Würde bezeichnet, im Cam noch in einigen andern Fällen. Cam, aus den beiden Schwestern S. 8, Zeile 4: Mu Halök ist die ältere Schwester. = M u H a l ö k j y ö ṅ a i. Cam, aus dem Prinz Kokosnuss: (Er) war nur eine Kokosnuss. = War K. nur. = j y ó ṅ b a l o k - l a u m i n.

19. Die IN Kopula. Manche IN Sprachen, besonders auf den Philippinen, auf Nordcelebes und Madagaskar, haben eine Kopula, die Subjekt und Prädikat verbindet, auch wenn letzteres ein Verbum ist. Diese Kopula ist kein Verbum. Im Tagalischen lautet sie z. B. a y, im Howa d i a. Tagalisch, aus dem Tell: Der Knabe lebt. = a ṅ b a t a a y b u h a y.

In mehreren Sprachen, so im Howa, ist die Kopula nicht obligatorisch; sie wird besonders angewendet, wenn das Subjekt einen grossen Umfang hat, denn in diesem Falle könnten ohne Kopula Missverständnisse entstehen; die Kopula besagt dann zugleich: Jetzt hört der eine Satzteil auf, und der andere beginnt. Howa, aus Juliens Texten: Die Menschen, welche zuerst auf dieser Insel wohnten, sind die Vazimba's. = Die M, welche w. z. auf dieser I. dieser Kopula die V. = n y o l o n a i z a y n o n i n a v o a l o h a n y t a m i n i t y n o s y i t y d i a n y V a z i m b a.

In den meisten IN Sprachen aber wird Subjekt und Prädikat, auch wenn letzteres ein Nomen ist, ohne Kopula verbunden. Maañanisch, aus der Geschichte von Nalau's Kind: Das Kind des Nalau war sehr krank. = K. N. k. sehr. = a n a k N a l a u b u y o k b a ṅ a t. Bugisch, aus Brief Nomoroq 17: Gross ist mein Leid. = G. L. m. = t ĕ m a k a s a r a k u.

Dies findet auch statt, wenn im IdG bei der Kopula ein Hilfsverb steht; das IN sagt also z. B.: „er möchte reich". Dayakisch, aus Sundermanns Texten, S. 190, Zeile 19: Wenn ich doch könnte reich (sein)! = j a k a a k u t o h t a u t a t a u.

20. Alle IN Sprachen besitzen ein Verbum, das „werden" bedeutet, aber dasselbe wird oft weggelassen. Moanus, aus der Geschichte von Morau und Morer: Es (wurde) gar. = i m a n i s. Bugisch, aus den Allegorien: (Als ich die Geliebte sah,) wurde mir wohl. = Ich (wurde das) Werkzeug (des) Schmiedes. = k u p a r e w a p a n r e.

21. Wo die einen IdG Sprachen mit der Kopula oder mit „werden" konstruieren, haben oft andere IdG Idiome eine abweichende Konstruktion. Das Holländische sagt k o u d z i j n, das Englische t o f e e l c o l d; das Deutsche sagt k r a n k w e r d e n, das Französische t o m b e r m a l a d e. — Aehnliches im IN. Karo, aus dem Laga-Man: Alle waren müde. = Sie fühlten müde alle. = s i a k a p l a t i h k ĕ r i n a. Dayakisch, aus Sundermanns Texten: Nolä's Mutter wurde krank. = M. N. fiel k. = indu Nolä baloṅkaṅ haban.

22. In manchen IN Sprachen findet zwischen dem Subjekt und dem nominalen Prädikat eine Pause statt, diese Pause ersetzt eine Kopula. Tiruray: Der (= i) Baum ist hoch. = i kayeu, gribatau.

23. Im Toba wirft das prädikative Adjektiv den Ton auf die letzte Silbe: Dieses Haus ist hoch. = Hoch H. dieses. = timbó ruma on.

24. Wie wir in § 10 eine Subjektspartikel kennen gelernt haben, so besitzen gewisse IN Sprachen eine Prädikatspartikel, im Sawunesischen lautet sie ta. [Jonker]. Sawunesisch, aus der Geschichte vom Pepeka: Der Fürst berief nun Leute. = Partikel ta berief nun L. F. = ta laṅu ke dou douae.

25. Das prädikative Substantiv nach Verben wie „werden", „genannt werden", „erwählt werden", u. ä. wird im IdG angeknüpft: I. Ohne ein sprachliches Mittel. Deutsch, aus Luthers Meister Klügling: Aber sie waren doch ja nicht H. Fridrich geschaffen, sondern machten sich selbs zu H. Fridrich. — II. Mit einer Präposition. Deutsch, ibidem: Sofern, dass wir nicht zu Affen werden.

Im IN geschieht diese Verknüpfung: I. Ohne sprachliche Mittel. Balinesisch, aus dem Epos Megantaka: Ich werde zu einem Baumblatt. = I. w. Blatt Baum. = titiyaṅ mandados don kayu. Diese Konstruktion ist die häufigste. — II. Durch eine Präposition. Howa, aus Rahidy's Fabeln: (Sie) gelten für weise. = ataony ho hendry. Diese Konstruktion ist selten. — III. Durch eine Verbalform. Dayakisch, aus Sundermanns Texten: (Sie) gingen als Vermittler. = hagoet manjadi luaṅ. manjadi bedeutet „werden, da sein". Diese Konstruktion ist weitverbreitet.

26. Besitzt eine IdG Sprache den unbestimmten Artikel, so wird dieser beim prädikativen Substantiv bald gesetzt, bald weggelassen. Spanisch, im Don Quijote steht Kapitel XII: Der ein guter Christ ist. = Que es buen cristiano; und im XI. Kapitel: Der ein ganz gescheiter Bursche ist. = El cual es un zagal muy entendido.

Das nämliche beobachten wir im IN. Natürlich kommen hier nur die IN Sprachen in Betracht, die den unbestimmten Artikel besitzen. Rottinesisch, aus der Geschichte der Frau mit dem Kukusan: Dieses wurde ein Knabe. = D. w. K. e. = ana dadi tou-anak esa. Tontemboanisch, aus den Verwandlungen: Dieses Kind war nur ein Affe. = Das K. dieses war A. nur. = si toyaqaṅ iitu ya wolai cĕq. ya ist Kopula.

27. Im IdG wie im IN kann das prädikative Substantiv oder Pronomen im Genitiv stehen, wenn ein Besitztum bezeichnet werden soll. Neuhochdeutsch, aus Schillers Tell: W e s s e n i s t d i e s H a u s? — Howa, aus der Proklamation der Ranavalomanjaka: Denn meiner (ist) das Land. = f a a h y n y t a n y. a h y ist zwar nicht speziell Genitiv zu a h o „ich", sondern Kasus obliquus, allein dativisch kann es nicht verwendet werden, nur genitivisch und akkusativisch.

28. Ueber die Stellung des Prädikates siehe § 15.

Die Urheberschaft beim Passiv.

29. Die Urheberschaft beim Passiv kann im IdG u. a. ausgedrückt werden: I. Durch eine instrumentale Formel. Altindisch: (Dieses Gelübde ist abgelegt) von mir = m a y â. — II. Durch eine genitivische Formel. Altprovençalisch, aus den Texten im Elementarbuch von Schultz-Gora: Viel geliebt von Frauen. = M o̦ u t a m a t z d e d o m p n a s. Hier steht d e gerade wie in der Genitivformel: Liebhaber der Gräfin. = D r u t z d e l a c o m t e s s a.

Im IN steht: I. Eine instrumentale Formel, mit einer Präposition, die „durch" bedeutet. Malayisch, aus dem Hang Tuwah: Gesehen von Hang Tuwah. = d i l i h a t o l e h H a ṅ T u w a h. — II. Eine der § 85 behandelten Genitivformeln. Altjavanisch, aus dem Nagarakrĕtagama: Gepriesen von der Welt. = i n a l ĕ m n i ṅ j a g a t. — III. Eine Formel mit einer Präposition von weitem Bereich. Bugisch, aus Brief Nomoroq 11: Möge er gesegnet sein von Gott! = Er m. + g. + s. von G. = n a r i p a s a l a m a q l a l o r i a l l a t a a l a.

30. Subjekt und Urheber im passivischen Satz reinlich geschieden. Hat man im Malayischen die Wortfolge „Getadelt die Diener", so kann das bedeuten: „Die Diener wurden getadelt", aber auch „von den Dienern wurde getadelt", denn man kann den Urheber beim Passiv genitivisch, also durch blosse Anreihung, nach der Art des § 85 VIII, ausdrücken. Also läge hier eine Vermischung zweier Kategorien vor. Allein der Malaye wird sich dieser Ausdrucksweise nur bedienen, wenn der Zusammenhang der Rede ein Missverständnis ausschliesst; andernfalls wird er eben eine andere Konstruktion anwenden. Und die Sprache gibt ihm genügend Mittel an die Hand. Er braucht nur, wenn der Sinn sein soll, dass „von den Dienern getadelt wurde", die Präposition o l e h „durch" vor das Substantiv zu setzen. Und will er zu erkennen geben, dass „die Diener getadelt wurden", so lässt er dem Substantiv die Präposition a k a n vorausgehen, denn a k a n ist Präposition mit weitem Bereich, sie zeigt u. a. auch das Subjekt an, aber *nicht* den Urheber beim Passiv.

Das direkte Objekt.

31. Es ist ein sehr häufiges Vorkommnis, im IdG wie im IN, dass, um einen abgerundeten Gedanken auszudrücken, das Prädikat keiner Ergänzung bedarf. Altnordisch, aus dem Havamal der Edda: Der Taube kämpft und siegt. = Daufr vegr ok dugir. — Malayisch, aus dem Epos Bidasari: Es regten sich alle auf, Vornehm und Gering. = gĕmparlah sĕkalian muliya dan hina. Talautisch, aus den Rätseln: Eine Schlange krähte. = atoana inumuqu. — — Aber ebenso oft beobachten wir, dass das Prädikat einer Ergänzung bedarf. Slovenisch, aus den Volksliedern bei Petschnik: Auf mein Grab vergesset nicht, weisse Lilien pflanzt! = Na moj grob ne pozabite, bele lilje zasadite. — Mitteljavanisch, aus Jonkers Gesetzbuch: Wenn einer ein Schiff stiehlt. = Wenn ist Mensch stehlend Sch. = yen hana woṅ añoloṅ parahu.

Von den Ergänzungen des Verbums behandeln wir zuerst das direkte Objekt.

32. Das direkte Objekt wird im IdG bezeichnet: I. Durch einen Kasus. Bibelgriechisch, aus Matthäus: Entferne zuerst den Balken! = Ekbale prōton tēn dokon! — II. Durch eine Spezialform des begleitenden Artikels. Mittelhochdeutsch, aus Neidhart von Reuental: Der meie, er füeret den walt an sîner hende. — III. Durch die Kurzform von Pronomina, die allerdings oft auch das indirekte Objekt bezeichnen können. Französisch, aus Zola Rome: On ne me comprend pas, répétait Léon XIII. — IV. Durch eine Präposition. Rumänisch, aus der Pest des Caragea in Tiktins Elementarbuch: Sie nahmen die Kranken auf den Rücken. = Eĭ luaŭ pe bolnavĭ în spinare. — V. Durch die blosse Stellung. Italienisch, aus Petrarkas Kanzonen: Ich bitte dich, dass du das Herz beruhigst. = Prego ch'appaghe il cor.

Im IN wird das direkte Objekt bezeichnet: I. Durch einen spezifischen Kasus bei der pronominalen Deklination. Kamberisch, aus den Tiergeschichten: Nicht tötet mich! = ambu pameti ka! Es gibt nur wenig IN Sprachen, die, wie das Kamberische, bei der pronominalen Deklination eine spezielle Akkusativform haben. — II. Durch eine Spezialform des Artikels. Tontemboanisch, aus der Beschreibung des Flurpriestertums: Zurückrufen den Lebensgeist der Kranken. = m a t o w a i n i m u q k u r e s u m a k i t. i ist die Akkusativform zum Nominativ ĕ. Es gibt ebenfalls nur wenig Sprachen, welche diese Erscheinung zeigen. — III. Durch die Kurzform eines Pronomens, die allerdings sowohl das direkte als das indirekte Objekt bezeichnen kann. Makassarisch, aus dem Epos Datu Museng: Du hast befohlen, uns (= a q) zu rufen. = k i q s u r o b o y a ṅ a q. Auch diese Erscheinung ist nicht weitverbreitet. — IV. Durch eine Präposition. Bontokisch, aus dem Lumawig: So erhalten sie das Feuer. = y a u m a a t s a i s n a n a p u y. Hier steht vor dem unveränderlichen Artikel n a n die Präposition i s. Auch dieses vierte Ausdrucksmittel findet sich nur selten. — V. Durch die blosse Stellung unmittelbar nach dem Prädikat. Atjeh, aus dem Weisen Richter: Die Weisheit des Richters prüfen. = P. W. R. = c u b a i l m e e M ĕ d ĕ h a q. Dies ist die Gemein-IN Konstruktion.

33. Das direkte Objekt steht im IdG wie im IN namentlich nach Verben, die eine primitive Tätigkeit ausdrücken, wie „sehen,“ „essen,“ „schlagen“ etc. Neuprovençalisch, aus der Mireio: Um das Öl zu trinken. = P è r b é u r e l' ò l i. — Bĕsĕmah, aus der Sprichwörtersammlung: Einen Menschen beissen. = B. M. = ṅ g i g i t j ĕ m ĕ. Holz nehmen. = N. H. = ṅ a m b i q p u n t o ṅ. Die Mutter schlagen. = Sch. M. = ṅ g a g a l n d o q.

34. Verben, die eine psychische Tätigkeit ausdrücken, schwanken, im IdG wie im IN. In den einen Sprachen haben sie ein direktes, in den andern ein indirektes Objekt. Im Lateinischen ist c u r a r e transitiv, im Umbrischen intransitv. Aus den Iguvinischen Tafeln V: Is ıem sacram curet. = E r e r i e s u n e k u r a i a. — In den einen der IN Sprachen wird t u l u ṅ „helfen“ akkusativisch, in den andern dativisch konstruiert.

35. Verben der Bewegung werden im IdG hie und da transitiv konstruiert. Altindisch, aus der Savitri: Er ging in seine Stadt. = J a g â m a s v a p u r a m.

Im IN ist dies in gewissen Sprachen mehr oder weniger Regel, so im Dayakischen. Belege, Dayakisch, aus Sundermanns Erzählungen: Nach Hause zurückkehren. = Zurückkehren Haus. = b u l i l e w u. Aus der Wohnung gehen. = b l u a h u m a. Ins Balai treten. = t a m ä b a l a i.

36. In der Nordgazellensprache werden die Verben „stehen“, „liegen“, „sitzen“, „wohnen“ transitiv konstruiert, ohne Präposition. Aus den Mythen von To Kabinana: Die zwei sassen in Davapia. = d i r g a k i D a v a p i a. Vereinzelt findet sich Entsprechendes auch bei den IN Sprachen im engern Sinn, wovon später.

37. Ein Verbum „haben, besitzen" findet sich nur in wenig IN Sprachen. Statt der Konstruktion mit „haben" figuriert eine mit „sein". Lampong, aus der Rätselsammlung: Es hat hundert Nasen. = Nasen seine existieren hundert. = i r u ṅ n i w a t s ĕ r a t u s.

38. Im IdG wie im IN steht das direkte Objekt bei der kausativen Verbalform. Im IN ist das Kausativ sehr verbreitet. Altindisch, aus der Savitri: Sie machen mein Herz erzittern. = k a m p a y a n t y o m a n o m a m a. — Bugisch: s u q „draussen", m a q s u q „hinausgehen", p a s u q „hinausbringen"; aus Brief Nomoroq 6: Sie hinausführen. = p a s u q i.

39. In verschiedenen IN Sprachen treffen wir einzelne Wendungen, die ursprünglich intransitiv waren, dann aber einen aktivischen Sinn bekommen haben und daher mit einem direkten Objekt verbunden werden. So heisst im Cam d i h d i a p w ö i: „liegen am Feuer", wird aber im Sinne von „gebären" gebraucht. Aus dem Prinz Kokosnuss S. 4, Zeile 7: Sie gebar einen Sohn. = Gebar Kind männliches. = d i h d i a p w ŏ i a n u k l a k e i.

40. Sowohl im IdG als im IN werden intransitive Verben durch Komponierung mit Präpositionen transitiv. Lateinisch: C i r c u m i r e c a s t r a. Makassarisch: r e r a „weinen", r e r a i „beweinen"; l a r i „laufen", l a r i y a ṅ „mit jemandem davon laufen". Die Präposition i ist Gemein-IN, a n, wofür Makassarisch a ṅ, ist z. B. Howa. Makassarisch, aus dem Jayalankara: Sie liefen mit der Prinzessin davon. = Sie „beliefen" davon P. die. = n a l a r i y a ṅ p u t i r i y a. Die hier geschilderte Transitivierung kennen namentlich Sprachen von Malakka, Sumatra, Java, Celebes.

Nun kommt es aber vor, im IdG wie im IN, dass, trotz der Transitivierung, die Präposition vor dem Objekte doch gesetzt wird. Lateinisch: a d i r e a d u r b e m. Altjavanisch, aus dem Prosa-Mahabharata: Nicht gehorchen dem Wunsche. = t a n t û t a k ĕ n i k e n a k. Trotzdem das Verbum t û t durch die Präposition a k ĕ n transitiv geworden ist, folgt doch die Präposition i.

41. Haben wir im Vorhergehenden unser Augenmerk auf die Verben gerichtet, die ein direktes Objekt nach sich haben, so verlangt nun noch das Objekt selber einige Bemerkungen.

Sowohl im IdG als im IN findet sich die Erscheinung des innern Objektes. Altindisch, aus der Savitri: Er tat Busse. = t a p a s t e p e. Bugisch, aus dem Paupau Rikadong: Einen Geruch riechen. = m e m a u q i b a u q. m e m a u q i ist vom Grundwort b a u q abgeleitet. Makassarisch, aus dem Jayalankara: Eine Tat tun. = p i g a u k i g a u q.

42. Das reflexive Objekt wird im IdG ausgedrückt: I. Durch das Wort „Geist, Person". Altindisch, aus der Savitri: Ich bedaure mich nicht. = N â t m â n a m a n u ç o c â m i. — II. Durch ein Pronomen. Slovenisch, aus den Volksliedern bei Petschnik: (Mein Schatz, der Holzer) erinnert sich an mich. = S e s p o m n' n a m e. — III. Durch die mediale Verbalform. Griechisch, aus Platos Apologie: Ich muss mich verteidigen. = d i k a i o s e i m i a p o l o g ē s a s t h a i.

Im IN wird das reflexive Objekt ebenfalls ausgedrückt: I. Durch das Wort „Person, Geist, Leib". Turateanisch, aus der Tiererzählung „Hirsch und Schildkröte": Sich aufstellen. = t a l a s a q k a l e n n a. k a l e + n n a heisst „seine Person, sein eigenes Ich, sein Leib", u. ä.

Diese Ausdrucksweise ist Gemein-IN. — II. Durch ein Pronomen. Moanus, aus der Geschichte von der Arekapalme: Sie schmückte sich. = i m o e l e i. Diese Ausdrucksweise ist seltener. — III. Durch die mediale Verbalform. Bontokisch, aus der Kopfjägergeschichte: Dann waschen sich die Jungen. = i s a c a d u m i š n a n f o b f a l l o. Diese Erscheinung findet sich vor allem auf den Philippinen und auf Nordcelebes.

43. Ein doppeltes direktes Objekt, wie bei Lateinisch d o c e r e finden wir im IN bei kausativen und transitivierten Verben. Malayisch, aus dem Hang Tuwah: Schnell öffne mir die Türe. = s i g ĕ r a l a h b u k a k a n a k u p i n t u i n i. a k u „ich" ist direktes Objekt wie p i n t u „Tür", die dativische Präposition ist weggelassen.

44. Das prädikative Objekt nach Wörtern wie „wählen zu, machen zu" u. ä. wird im IdG angeknüpft: I. Durch einen zweiten Akkusativ. Altpersisch, aus den Xerxes-Inschriften: (Der den Xerxes) zum Lenker (machte). = F r a m â t â r a m. Beide Wörter, „Xerxes" und „Lenker" stehen im Akkusativ. — II. Durch blosse Anreihung. Französisch: n o m m e r q u e l q u' u n s o n h é r i t i e r. — III. Durch eine Präposition. Deutsch, aus Luthers Briefen: I s t s a b e r n i c h t e i n v e r k e r t U r t e i l, d a s s s i e m i c h f ü r e i n e n K e t z e r h a l t e n? Lettisch, aus der Erschaffung der Düna: (Gott nannte den neuen Fluss) Düna. = p a r D a u g a w u.

Im IN geschieht die Anknüpfung: I. Durch blosse Anreihung: Makassarisch, aus dem Jayalankara: Ich mache dich zum Kind. = k u p a r e q k o a n a q. — II. Durch eine Präposition. Malayisch, aus dem Hang Tuwah: Wir nehmen (sie) zu unsern Genossen an. = Wir annehmen zu G. u. = k i t a a m b i l a k a n k a w a n k i t a. — III. Durch eine Verbalform. Cam, aus den Beiden Schwestern: Ich nehme sie zur Gattin. = Ich nehme sie machen G. = k a u m ö k ñ u ṅ a p h a d i ö p. Ambonisch, aus dem Lied auf Leemese. Sie tranken Blut als Wasser. = T. B. wechseln W. = i n u l a l a s e r i w a e l.

45. Das direkte Objekt im partitiven Sinn wird im IdG ausgedrückt: I. Durch Weglassung des Artikels. Portugiesisch, aus den Lusiaden: Um verschiedene Völker zu sehen. = p o r v e r v a r i a s g e n t e s. — II. Durch eine Genitivkonstruktion. Umbrisch, aus den Iguvinischen Tafeln II: Er reibe Opferkuchen. = F i k l a s k u m a l t u.

Ebenso im IN: I. Durch Weglassung des Artikels. Bugisch, aus dem Code Amanna Gappa, Parakara 14: Geld borgen. = B. G. = m i n r ĕ ṅ o w a ṅ. — II. Durch eine Genitivkonstruktion. Sangirisch: Ihr schlachtetet auch Hühner? = i k a m e n e n a m o t o l a i n m a n u? [Adriani]. n ist im Sangirischen spezifische Genitivpräposition.

46. Im IdG steht vielfach ein genitivisches Objekt, wo kein oder wenigstens kein ausgesprochener partitiver Sinn vorliegt. Angelsächsisch, aus dem Beowulf: Den Kampf erwarten. = W ī g e s b ī d a n. Das IN hat nichts Aehnliches.

47. Das direkte Objekt steht im IN unmittelbar nach dem Prädikat.

48. Die Zahl der direkten Objekte wird einerseits erhöht durch die Transitivierung, aber andererseits vermindert durch die Häufigkeit passiver Konstruktionen im IN, und dadurch, dass die IN Sprachen sehr oft ein einfaches Verbum haben, wo wir ein Verbum + Objekt setzen. Beispiele: Tontemboanisch m a s ĕ r a q „Fleisch essen“, von s ĕ r a q „Fleisch“; Bontokisch m a ṅ a y u „Holz holen“; Altjavanisch m a d a l u w a ṅ „ein Büssergewand anziehen“.

Das indirekte Objekt.

49. *Vorbemerkung.* Mit dem indirekten Objekt behandeln wir zugleich das interessierte Objekt.

50. In den IdG Sprachen wird das indirekte Objekt bezeichnet: I. Durch einen Kasus. Lateinisch, aus Ciceros Officia: N e c u i q u i s n o c e a t. — II. Durch Kurzpronomina, die allerdings meist auch zugleich das direkte Objekt bezeichnen können, wie Französisch t e. Italienisch, aus Boccacios Decamerone, Giornata I, Novella 1: Sagt das mir nicht, um mich zu trösten! = N o n m i d i t e q u e s t o p e r c o n f o r t a r m i. — III. Durch eine Präposition. Kapholländisch, aus der Erzählung „Wat Geld kan doen“: Dass ich sie nicht einem Bettler überlassen kann. = D a t e k h a a r a n g e n b e d e l a a r k a n a f s t a a n n i. Ibidem: Arbeiten, arbeiten würde er für sie = W e r k, w e r k s o u h y f e r h a a r. „A n g e n b e d e l a a r“ ist indirektes, „f e r h a a r“ interessiertes Objekt.

Im IN wird das indirekte Objekt ausgedrückt: I. Durch einen Kasus bei der pronominalen Deklination. Kamberisch, aus den Tiergeschichten: Dein Vater sagte mir. = S. mir der V. dein. = w a n a ṅ g a n a a m a m u. Nur wenige IN Sprachen, darunter das Kamberische, haben einen speziellen Dativ in der pronominalen Deklination. — II. Durch Kurzpronomina, die wie das direkte so auch das indirekte Objekt ausdrücken. Bugisch, aus dem Brief Nomoroq 11: Das melde ich Ihnen. = Das ich m. Ihnen = i y a s i u b i r i q t a i k i q. — III. Durch eine Präposition. Cam, aus den Beiden Schwestern: (Es) der Mutter geben. = b r e i k a m a i k. Cam, aus dem Prinz Kokosnuss: Hüten die Büffel für mich. = g l a ṅ k u b a w k a d a h l a k. k a m a i k ist indirektes, k a d a h l a k interessiertes Objekt.

51. Im IdG wird das indirekte Objekt oft mit den gleichen Mitteln wie das Adverbiale ausgedrückt, so im Altindischen durch den Lokativ. Altindisch, aus dem Nala: Dem Nala berichtete sie alles. = N a l e s a r v a n n y a v e d a y a t.

Das gleiche gilt auch für viele IN Sprachen. Malayisch, aus der Sajara Mĕlayu: Dem Boten (befehlen). = k a p a d a u t u s a n; in die Stadt (schicken). = k a p a d a n ĕ g ĕ r i.

52. Es gibt aber doch IN Sprachen, die eine Präposition besitzen, welche ausschliesslich das indirekte Objekt oder höchstens noch den Zweck bezeichnet. Das ist z. B. das Karo, und die Präposition lautet m a n. Eine Analyse des ganzen Si Aji Dunda Katekutan hat mir das bestätigt. Aus den Belegen: der Fürstin (sagen). = m a n k ĕ m b ĕ r a h ĕ n. Zur Gehülfin (sein). = m a n k a n d u - k a n d u.

53. Das indirekte Objekt steht im IdG besonders: I. Bei den Verben des Sagens, Befehlens, Fragens, Erlaubens u. a. Portugiesisch, aus den Lusiaden: Er antwortet dem Boten. = a o m e n s a g e i r o r e s p o n d e. — II. Bei Verben der Gemütsstimmung, wie Trauern, Zürnen, Leid sein u. ä. Mittelhochdeutsch, aus dem Nibelungenlied: D a z w a e r m i r i n n e c l î c h e n l e i t.

Im IN steht das indirekte Objekt ebenfalls: I. Bei den Verben des Sagens, Grüssens, Fragens u. ä. Altjavanisch, aus dem Prosa-Mahabharata: Sagen dem Herrscher. = m o j a r i s a ṅ r a t u. Bugisch, aus Brief Nomoroq 17: Ich bitte inständig Gott. = u w e l a e l a u r i A l l a t a a l a. — II. Bei Verben der Gemütsbewegung. Malayisch, in der Erzählung Hang Tuwah, bei der Schilderung der Intrige, haben folgende Verben ein indirektes Objekt bei sich: zürnen, neiden, trauen, lieben, begünstigen, intrigieren.

54. In den IdG und IN Sprachen werden auch Adjektiven mit indirektem Objekt verbunden. Italienisch, aus Dante Inferno: i n d e g n o a, n u o v o a, s i m i l e a. — Altjavanisch, aus dem Prosa-Mahabharata: Worte, ihnen nicht angenehm. = W. n. a. i. = w u w u s t a n e n a k i s i r a.

55. Direktes und indirektes Objekt im gleichen Satz. Dieses findet sich, im IdG wie im IN, besonders bei den Verben des Gebens und Nehmens. Lettisch, aus der Erschaffung der Düna: Er erdachte ihnen Arbeit. = T a s i s g u d r o j a t e e m d a r b u. Cam, aus den Beiden Schwestern: Mu Halök stahl ihr die Fische. = M. H. st. F. ihr. = M u H a l ö k k l a i k i k a n d i ñ u.

56. Das entfernte Objekt steht im IN in der Regel nach dem Prädikat und nach dem direkten Objekt.

57. Wenn, wie in § 51 besprochen ist, das indirekte Objekt und das Adverbiale sich oft der gleichen Ausdrucksmittel bedienen, so findet doch keine Vermischung der beiden Kategorien statt, die zu Missverständnissen leiten könnte: I. Es ist die Stellung, wenigstens häufig, nicht die gleiche. — II. Es gibt Sprachen, die ein spezifisches Ausdrucksmittel für das indirekte Objekt haben — III. Zur Bezeichnung des Adverbiales worden oft präpositionelle Formeln, beim indirekten Objekt meist reine Präpositionen verwendet. Beispiel, wo auch beim indirekten Objekt nicht eine reine Präposition steht: Dayakisch, aus Sundermanns Texten: Dieses (Beil) genügt für den Baum. = j e t ä o m b e t t a n d i p a h k a y u. t a n d i p a h heisst wörtlich „gegenüber“.

58. Das direkte und das indirekte Objekt unterscheiden sich hauptsächlich: I. Durch die Stellung. — II. Das indirekte Objekt wird fast immer mit, das direkte ohne eine Präposition konstruiert.

59. Die Zahl der indirekten Objekte erleidet im IN eine Einschränkung durch die Konkurrenz der Transitivierung § 40.

Die Ergänzung bei der Komparation.

60. Die Ergänzung eines Adjektivs im Positiv wie in der Lateinischen Formel p l e n u m v i n i geschieht im IN: I. Durch einen Kasus, bei der Pronominaldeklination. Howa: Voll von ihnen (war) das Haus. = f e n o a z y n y t r a n o [Cousins]. a z y ist Kasus obliquus zum Kasus rectus i z y „er sie es“, Sg. und Pl. — II. Durch eine Präposition. Tagalisch, aus dem Tell: Ihr seid mit Blut befleckt. = Voll ihr von dem Blut. = p u n o k a y o n a ṅ d u g o. n a ṅ ist Genitivpartikel + Artikel a ṅ. — III. Durch blosse Anreihung. Makassarisch, aus dem Jayalankara: Voll von Menschen. = r a s s i t a u. Werden aber das Adjektiv und die Ergänzung durch Dazwischentreten anderer Satzteile von einander getrennt, so muss die Präposition verwendet werden. So steht Jayalankara S. 96, Zeile 6: Das Feld war voll von der Menge. = Voll es, Feld das, von M. = rassi m i paraṅ a ri taujai. m ist Partikel der Hervorhebung.

61. Die Ergänzung des Komparativs wird im IdG angeknüpft: I. Durch einen Kasus. Lateinisch: Major fratre. — II. Durch eine Präposition, die oft die Bedeutung „von ..... her" hat, wie Bulgarisch o t, Italienisch d i. Italienisch, aus Dante Inferno: Eine Seele würdiger als ich = Anima di me più degna. — III. Durch eine Konjunktion. Spanisch, aus dem Don Quijote: Das Kalb, welches besser ist als die Kuh. = La ternera que es mejor que la vaca.

Im IN wird die Ergänzung des Komparativs ausgedrückt: I. Durch eine Präposition, die „von .... her" bedeutet. Dajakisch, aus den Sundermann'schen Texten: Grösser als er. = Gross mehr von ihm aus. = hai hindai bara iä. — II. Durch eine Konjunktion. Howa, aus der Grabrede: Länger (dauert) das Dort als das Hier. = ela ny any noho ny ety. = III. Durch Umschreibung nach folgendem Muster: Turateanisch, aus der Geschichte von Hirsch und Schildkröte: Meine Lüge ist grösser als mein eigenes Ich. = Gross Ich mein, grösser Lüge meine. = lompo kaleṅku, lompowaṅ burabura ku.

62. Die Ergänzung beim Superlativ. Diese geschieht, im IdG wie im IN, genitivisch oder vermittels Präpositionen wie „von", „unter". Tontemboanisch, aus den Schwarz'schen Texten, S. 103, Zeile 8 von unten: Das jüngste der Kinder der Witwe. = kaakaran e anak i maësaësa. e ist der Artikel des Genitiv Plural.

Infinitivische Ergänzung von Verben.

63. Der von einem Verbum abhängige Infinitiv wird im IN auf folgende Weisen angeknüpft: Es existiert eine besondere Verbalform für diesen Fall, die z. B. im Kamberischen mit Präfix pa- gebildet wird. Kamberisch, aus den Tiergeschichten: Da probierte er zu fliegen. = D. er p. zu + fliegen. = taka hina kamaṅ pahawuruṅ. „Fliegen" ausserhalb dieser Konstruktion heisst hawuruṅ. Diese Konstruktion findet sich nur in wenig IN Sprachen. — II. Die Verknüpfung geschieht vermittels einer Ligation, z. B. ay. Bontokisch, aus dem Lumawig: Dann gehen die Leute (es) zu holen. = isaed umüy nan taku ay umala. Diese Konstruktion finden wir vor allem auf den Philippinen. — III. Die Verknüpfung geschieht durch einfaches Anreihen. Altjavanisch, aus dem Prosa-Mahabharata: (Sie) hörten auf (zu) weinen. = mâri manaṅis. Diese Konstruktion ist am weitesten verbreitet.

64. Sehr oft treffen wir im IN, in allen Sprachen, mit dem Verbum „Gehen zu" ein zweites Verbum verknüpft. Timoresisch, aus der Geschichte vom Dümmling: Er geht ein Loch graben. = Er ge. gr. L. = in nao hani nopu. Vergleiche damit Deutsch, aus Goethes Tasso: Der Garten....., den ihr in ganzen Jahren nicht besuchen geht. Aber auch das Verbum „Kommen von" wird, wenn auch seltener, so konstruiert. Dayakisch, aus den Sundermannschen Texten, S. 194, Zeile 16: (Er) kommt vom Fischen. = dumah malauk.

65. Im IdG finden wir sehr oft Verbindungen eines Verbs mit einem Adverb folgender Art: Hinaufgehen, forteilen, Rätoromanisch-Ladinisch purtar via etc. Ladinisch, aus der Historgia de las dysch aeteds: Der Teufel hat ein anderes Kind weggetragen. = L'g diauell ho purto uia ün oter infaunt. — Hier braucht das IN zwei Verben, und dieser Sprachgebrauch ist Gemein-IN. Makassarisch, aus dem Jayalankara: Sie begaben sich hinaus. = Begaben + sich sie hinausgehen. = battuwi aqsuluq.

66. Bei der Verknüpfung zweier Verben, wie wir sie bisher vorgeführt haben, gelten in manchen Sprachen noch allerlei Sonderregeln nach folgenden Mustern. Tontemboanisch, aus dem Flurpriestertum: Gehen die Zauberlieder singen. = maṅe rumeindeṅ. rumeindeṅ ist futurische Verbalform. Howa, aus Rahidy's Fabeln: (Sie) wollten ihn nicht aufnehmen. = tsy nety nandray azy. Beide Verben, nety „wollen" und nandray „aufnehmen", stehen im Präteritum.

Das Adverbiale.

67. Da beim Adverbiale die Präpositionen eine sehr grosse Rolle spielen, im IN, das keine Substantivdeklination hat, eine noch grössere als im IdG, so sollen hier einige zweckdienliche Bemerkungen über dieselben vorausgeschickt werden: I. In den IdG Sprachen stehen die Präpositionen meist *vor* dem Beziehungswort; Postpositionen hat etwa das Hindustani, z. B.: Am Abend. = Abend am. = rât kô. — In den eigentlichen IN Sprachen sind Postpositionen äusserst selten, ein Beispiel ist Karo nari „seit". Beleg, Karo, Laga-Man S. 15, Zeile 9: Seit (dem) Morgen bis (= asa) Untergang (der) Sonne. = pagi-

pagi nari asa bën matawari. Unter den mit den IN verwandten Sprachen hat das Barriai Postpositionen, z. B.: Sie ist im Hause. = Ist H. im = mamaro luma iai [Friederici]. — II. Es gibt im IdG wie im IN Präpositionen mit engerm, und solche mit weiterm, im IN oft mit sehr weitem, Bereich. Zu den erstern gehören Lateinisch tenus und Toba tian „von... her“, zu den letztern Altfranzösisch à und Altjavanisch ri. Belege für Altfranzösisches à aus dem Rolandslied, Ausgabe Gautier: Schilde an den Hälsen. = Escuz as cols. Zu meinen Lebzeiten. = A mun vivant. Ich werde ihn töten mit der Schärfe meiner Lanze. = I'o l'ocirai à mun espiet trenchant. Belege für Altjavanisches ri, aus dem Nagarakrëtagama: In der Einsiedelei (spazieren). = ri ṅ âçrama. (Fortgehen) aus Siṅhasâri. = ri Siṅhasâri. Mit Geld (vergelten). = ri ṅ arttha. (Scheu) vor den Göttern. = ri saṅ hyaṅ. — III. Neben den Präpositionen besitzen IdG und IN präpositionelle Formeln. IdG Beispiele, Spanisch, aus dem Alkalde von Zalamea, Jornada III: Ueber die Berge. = Por encima de los montes. Im Herzen. = Dentro del pecho. Vor mir. = Delante de mi. IN Beispiele, Minankabauisch, aus Ophuyzens Fabeln: Am Meer. = di tapi lauiq. Auf dem Herd. = di ateh salaian. Ins Haus. = ka dalam rumah. tapi heisst „Rand“, ateh „oben“, dalam „Inneres“. Bugisch, aus Brief Nomoroq 12: Ein Brief an Herrn Matthes. = Ein B. gehend zu Herrn M. = surë lëttuq ri tuwaṅ Mateseëq.

68. Das Adverbiale wird im IdG bezeichnet: I. Durch eine besondere Wortart, z. B. Griechisch chthes „gestern“. — II. Durch das Adjektiv, ohne Veränderung desselben. Beleg, aus Luthers Fabel vom Fuchs, der den Schnupfen hat: Sein Loch und Wohnung, darinnen es ganz übel roch. — III. Durch das Adjektiv, das durch ein besonderes Formans zum Adverb gemacht wird, wie Griechisch kalōs. Aus der Antigone: Schön sterben. = kalōs thanein. — IV. Durch den Kasus eines Substantivs. Altindisch, aus der Savitri: Aus dem Feueropfer hervorgetreten. = Agnihotrât samutthâya. — V. Durch eine präpositionelle Wendung. Polnisch, aus dem „Sonnenuntergang“ von Adam Mickiewicz: Beim Untergang. = Na zachód. — VI. Durch ein Substantiv ohne Kasusbezeichnung und ohne Präposition. Französisch: Am folgenden Tage. = Le lendemain.

Im IN wird das Adverbiale bezeichnet: I. Durch eine besondere Wortart: Kënjà, aus den Gesprächen bei van Genderen Stort: Die Hunde jagten gestern den Hirsch. = Hu. g. j. H. = asu ñapre mëṅaṅ payau. — II. Durch ein Adjektiv. Bugisch, aus Brief Nomoroq 10: Leicht geht die Laterne aus. = Le. g. + aus La. die.

= maqlomo pĕdde lantera e. maqlomo ist Adjektiv, formiert vom Grundwort lomo. — III. Durch Adjektive oder Substantive, die durch besondere Formantien zu Adverbien gemacht werden. Malayisch: sĕsuṅguh „sicherlich" neben suṅguh „sicher"; Hova: halina „gestern Abend" neben alina „Abend". – IV. Durch eine präpositionelle Substantivformel. Talautisch, aus der Verfluchung des Huhnes: Jetzt ist es geschehen. = Geschehen in Zeit dieser. = nariadi su tempo indi. — V. Durch das unveränderte, von keiner Präposition begleitete Substantiv. Altjavanisch: (Am) Fusse des Meru. = jöṅ niṅ Meru. [Kern]. — VI. Durch eine Formel, bestehend aus Verbum + Substantiv, wobei das IN Verbum eine IdG Präposition vertritt. Malayisch, aus dem Hang Tuwah: (Sie) fuhren nach Bentan. = F. anstrebend B. = bĕrlayar mĕnuju Bentan. — VII. Durch Verdoppelung des Wortes, in vielen Sprachen. Malayisch: mula „Anfang", mula-mula „im Anfang". — VIII. Durch eine possessive Wendung. Howa: fara „Ende", fara-ny „sein Ende" und „am Ende". — IX. Durch Verlegung des Akzentes, in einigen Fällen im Niasischen, so bōṅi „der Abend", boṅī „heute Abend".

Anmerkung. Die IdG Adverbien „Da, jetzt, so" werden im IN sehr oft umschrieben mit: „In diesem" u. ä. Toba, aus den Rätselgeschichten: Wo ist denn der Hirsch? = In was denn H.? = di dia doursa? — Aehnliches im Tokharischen; aus dem Textstück Pañäkte Kapilavāstu: Da. = In diesem. = Diesem in. = omne.

69. Das Adverbiale des *Ortes*. Dasselbe wird im IdG bezeichnet: I. Durch einen Kasus. Oskisch, aus der Tabula Bantina: Ipse in comitio caedatur. = Esuf comenei lamatir. — II. Durch Präposition + Substantiv. Polabisch, aus den Texten bei Berneker: Zu unserm Tisch. = kaa nohss Deissco. Katalanisch, aus Verdaguers Atlantida III: Das Licht in unserm Land. = La llum en terra nostra. — III. Durch ein blosses Substantiv, ohne Kasusbezeichnung und ohne Präposition. Französisch: Demeurer rue Richelieu. — IV. Durch ein Ortsadverb. Lateinisch, aus Plautus Miles Gloriosus: Jube transire huc!

Im IN wird das Adverbiale des Ortes bezeichnet: I. Durch Präposition + Substantiv: Gorontalesisch, aus den Gesprächen bei Breukink: Babu hat Schmerz am Fuss. = ti babu oṅoṅoto to oato. — II. Durch ein blosses Substantiv, ohne Präposition, besonders bei den Namen der Himmelsgegenden, aber, vereinzelt, auch in andern Fällen. Altjavanisch, aus dem Nagarakrĕtagama: Im Norden ist die Pforte. = Norden die Pforte. = lor ttaṅ gopura. Makassarisch, aus der Totenklage: Ich wende meine Augen nach Süden. = Ich w. sie,

A. meine, Süden. = k u p a g u l i l i ṅ m i m a t a ṅ k u t i m b o r o q. m ist Partikel der Hervorhebung. Cam, aus der Geschichte von den Beiden Schwestern. = Im Hause arbeite ich. = Haus ich arbeite. = s a ṅ d a h l a k ṅ a p. Basa Sangiang, aus den Totenliedern: Bleiben in der rötlichen Schale. = B. Schale r. = m e l a i b l a n a i b i n t a n. — III. Durch ein Ortsadverb. Magindanao, aus den Gesprächen bei Juanmarti: Das Buch da auf dem Kasten. = s u s u r a t s a n s a k a b a n.

70. Gewisse IdG und IN Sprachen unterscheiden exakt die drei Richtungen des Wo, Woher und Wohin Griechisch: Zu Hause, von Hause, nach Hause. = O i k o i, o i k o t h e n, o i k a d e. — Toba, aus dem Sangmaima: Im Lande. = d i t a n o; nach Hause. = t u r u m a; (Los) vom Schaft. = t i a n p o r d a.

Andere IdG und IN Sprachen haben für das Wo und das Wohin die gleiche Bezeichnung. Altfranzösisch, aus dem Rolandslied: Wenn ich in Aachen sein werde. = C u m j o s e r a i a d A i s. Ibidem: (Die Engel des Himmels) kommen zu ihm. = D e s c e n d e n t à l u i. — Makassarisch: r i J u m p a n d a ṅ. = in J. oder: nach J.

71. Die Richtung des Woher wird in mehreren IdG Sprachen auf gleiche Weise ausgedrückt wie das Genitivverhältnis. Französisch, aus Descartes' Briefen: Das Buch der Welt. = L e l i v r e d u m o n d e. Ich komme von der Krönung. = J e r e t o u r n e d u c o u r o n n e m e n t. In andern IdG Sprachen ist die Konstruktion eine verschiedene. Englisch, aus den Briefen des Baco von Verulam: Ein Mann des Studiums. = A m a n o f s t u d y. (Das rührt her) von euerer Lordschaft. = F r o m y o u r l o r d s h i p.

Im IN werden die Richtungen des Woher und das Genitivverhältnis fast immer verschieden ausgedrückt. Folgendes ist ein Fall aus dem Malayischen, wo die Präposition des Woher, d ĕ r i, genitivisch funktioniert: Alle Menschen der Stadt Medina speisten. = s ĕ g a l a m a n u s i y a d ĕ r i n ĕ g e r i M ĕ d i n a m a k a n l a h. [De Hollander].

72. Das Verbum „Schwören" wird im IdG konstruiert: I. Mit einer Präposition, oft mit einer lokativischen, z. B. im Deutschen mit „b e i". — II. Mit einem Kasus. Obersorbisch, aus dem Bautzener Bürgereid: Ich schwöre bei Gott. = J a p s c h i s a h a m B o h u. — III. Das Verbum ist transitiv, wie Griechisch o m n y m i.

Im IN wird das Verbum „Schwören" konstruiert: I. Mit einer Präposition, besonders mit einer lokativischen, in vielen Sprachen, so Sundanesisch mit der Präposition k a „zu". — II. Im Makassarischen ist das Verbum t e m p a „schwören" transitiv.

73. In manchen IN Sprachen, dann auch in verwandten Sprachen des Festlandes und der Südsee werden sehr oft die Begriffe „hin“ und „her“ in den Satzverband aufgenommen nach folgenden Mustern. Tahitisch, aus der Geschichte vom Gott Ruahatu: Den Menschen zu erzählen. = Zu erzählen hin den M. = e p a r a u a t u i t e t a a t a. Bugisch, aus Brief Nomoroq 10: Er steckt sie ins Gefängnis. = Er steckt sie hin in G. das. = n a t i w i q i l a o r i t a r u ṅ k u w e. — Eigentlich sind a t u, l a o Verben, sie sind aber adverbiell abgeblasst.

74. Das Adverbiale *der Zeit* wird im IdG meist mit den gleichen Mitteln ausgedrückt, wie das des Ortes. Litauisch, aus den Uebungsstücken bei Voelkel: Heu ist in der Krippe. = H. in + K. ist = A t o l a s p r á k a r t e y r a. Am Dienstag. = U t a r n i n k e. Altfriesisch, aus König Karl und Radbod: Durch geschlossene Türen. = B i b i s l e t t e n a d o r e m; aus den XVII Küren: In alten Zeiten. = B i a l d a t i d o n. Im Litauischen steht in beiden Fällen der gleiche Kasus, im Altfriesischen die gleiche Präposition.

Im IN wird ebenfalls das Adverbiale der Zeit meist mit den gleichen Mitteln ausgedrückt, wie das des Ortes. Altjavanisch, aus Ramayana I: In der (Stadt) Ayodhyâ. = r i ṅ A y o d h y â; aus V: An dem Tage. = r i ṅ r a h i n a.

75. Im IdG wie im IN wird das Adverbiale der Zeit oft auch durch das blosse Substantiv, ohne Kasusbildung und ohne Präposition ausgedrückt, z. B. Italienisch: q u e l l a n o t t e „in jener Nacht“. Im IN geschieht dies besonders bei der Bezeichnung der Zeitdauer. Talautisch, aus den Rätseln: (Während der) Nacht leuchtet (es). = r a b b i m a t i l a ṅ a. Bei Angabe des Zeitpunktes fehlt die Präposition besonders, wenn das Substantiv noch eine Beifügung hat. Altjavanisch, aus dem Prosa-Mahabharata: (In) jener Nacht träumten (sie). = i k a ṅ w ĕ ṅ i m a ṅ i p i, aber: In der Nacht träumten (sie). = i ṅ w ĕ ṅ i m a ṅ i p i. Ohne Präposition steht auch in mehreren Sprachen die Formel „an diesem Tag“. = „heute“, so Malayisch h a r i n i < h a r i „Tag“ + i n i „dieser“. Selten wird die Präposition „nach“ weggelassen; Moanus, aus der Entstehung der Kokospalme: Nach fünf Tagen wuchs eine Kokospalme. = Tage fünf K. wuchs. = p o ṅ a l i m a n i u u a i.

76. Das Adverbiale der *Art und Weise*. Mehrere IN Sprachen bilden ein solches Adverbiale, indem sie eine Präposition vor das Adjektiv setzen. Malayisch: b a i k „bonus“, d ĕ ṅ a n b a i k „bene“; Bontokisch: k a w i s „bonus“, i s k a w i s „bene“, Cam: d r a h „celer“, b i d r a h „celeriter“. d ĕ ṅ a n bedeutet „mit“, i s ist eine weite Präposition und b i dient speziell der Adverbialbildung [Aymonier et Cabaton]. Ähnliches auch im IdG. Luzäärnertüütsch, aus den Erzählungen des

Rämmert vom Mösli: Sie nahmen ihn, ohne verpflichtet zu sein, an. = S i h e n d e n u s g u e t e m a g n o o.

77. Das Adverbiale des *Grundes*. Nach Verben der Gemütsstimmung steht in vielen IN Sprachen statt der präpositionellen eine verbale Konstruktion, wobei die Partizipien „sehend" oder „hörend" verwendet werden. Altjavanisch, aus dem Prosa-Mahabharata: Gerührt von seinem Zustande. = Gerührt sehend Z. seinen. = k a s r ĕ p a n t u m o n g a t i n i r a.

78. Das *Mittel und Werkzeug* wird im IdG bezeichnet: I. Durch einen besondern Kasus. Althochdeutsch, aus dem Hildebrandslied: Mit dem Schwerte hauen. = S u e r t u h a u w a n. — II. Durch einen andern Kasus, z. B. den Dativ. Gotisch: Mit dieser Taufe (taufen). = T h i z a i d a u p e i n a i. — III. Mit einer Präposition. Niederländisch, aus Gysbrecht van Aemstel: Alles, was ich gehört habe mit diesen meinen eignen Ohren. = A l ' t g e e n i c k h e b g e h o o r t m e t d e e s m i j n e i g e n o o r e n.

Im IN wird das Mittel und Werkzeug bezeichnet: I. Vermittels einer Präposition, in allen Sprachen. Toba, aus den Rätselgeschichten: Mit Blättern (bedecken). = d o h o t b u l u ṅ. — II. In allen IN Sprachen gibt es eine bestimmte, nicht geringe Zahl von instrumentalen Wendungen, die der Präposition entbehren. Belege, Basa Sangiang, aus den Totenliedern: Graviert mit dem Bild. = u k i r p i a k. Umzäunt mit Steinen. = m a g e r l i a ṅ. Beschildet mit Felsen. = n a l a w a ṅ b a t u. Malayisch, aus dem Hang Tuwah: Trunken von Blut. = m a b u q d a r a h. Cam, aus dem Prinz Kokosnuss: Bestickt mit Blumen. = p o k b a ṅ u.

79. In einigen IdG und IN Sprachen wird die Wendung „eine Sprache sprechen" instrumental konstruiert. Lateinisch: L o q u i l i n g u a l a t i n a. Gayo: Er redete Gayo. = Er r. mit G. Sprache. = i p r e d n e u r u m b a s a G a y o [Hazeu].

80. Das *soziative* Verhältnis wird in vielen IdG und IN Sprachen mit den gleichen Mitteln ausgedrückt, wie das instrumentale. Englisch, im Hamlet steht in der gleichen Rede des Polonius sowohl: I s a w h i m y e s t e r d a y w i t h s u c h o r s u c h, und: W i t h w i n d l a s s e s f i n d d i r e c t i o n s o u t. — Toba, aus dem Bursok: Sie mit dem Kind. = i b a n a d o h o t a n a k n a, aber auch: d o h o t b u l u ṅ, siehe § 78.

81. In einigen IdG und IN Sprachen werden die Verben des Trennens soziativ konstruiert. Englisch: t o p a r t w i t h. Makassarisch, aus dem Jayalankara: Sich trennen von der Herrin. = Sich + t. mit H. = s i l a k k a q s i y a g a ṅ t u w a ṅ. Altjavanisch, aus dem Prosa-Mahabharata: Scheiden vom (wörtlich: mit) Sohn. = m a p a s a h l a w a n p u t r a.

82. Die Angabe des *Preises* geschieht im IN meist durch das blosse Substantiv, ohne Präposition. Bolaang-Mongondou, aus den Gesprächen bei Wilken und Schwarz: Es gibt acht Stück für einen Kupang. = Acht einen Kupang. = walu toṅo kupaṅ. Gelegentlich findet sich diese Konstruktion auch im IdG. Französisch: Acheter quelquechose trois francs.

83. Das Adverbiale hat im IN keine obligatorische Stellung im Satz. Oft steht es am Ende, oft auch am Anfange desselben, letzteres besonders, wenn dadurch eine Anknüpfung an den vorausgehenden Satz gewonnen wird. Busangisch, aus der Bekriegung des Himmels: (Der Tag war zu Ende); in der Nacht rüstete sich Awun Liling Jĕlo. = të malëm bĕdisiq Awun Liliṅ Jĕlo.

84. Die Zahl der Adverbialfügungen erleidet im IN eine Einbusse durch die Konkurrenz der Transitivierung § 40 und der epexegetischen Apposition § 121.

Das genitivische Attribut.

85. Das genitivische Attribut wird im IdG ausgedrückt: I. Durch einen Kasus des Substantives: Schwedisch, aus der Frithjofsage I.: Du wähntest dich in Freias Haus. = Du tänkte dig i Frejas hus. — II. Durch den begleitenden Artikel. Deutsch, aus Goethes Iphigenie: Aus Schlünden der Tiefe. — III. Durch eine Präposition. Luzäärner Rootwältsch: Es ging ein Mann von Jerusalem nach Jericho und fiel unter die Räuber. = Es g. einmal ein M. von der Stadt aufs Land und kam in die Hände der R. = Es isch emol e Gaschi vo de Moogem is Balar gholcht und isch i d' Griiffe vo de Gschoore gholcht. — IV. Durch das Possessiv: Kapholländisch, aus dem Drankduiwel: Wilhelms Haus war ein Krankenhaus. = Willem sy huis was 'n sikehuis. — V. Durch die blosse Stellung *nach* dem Beziehungswort. Französisch: De longs cheveux couleur marron d'Inde.

Im IN wird das genitivische Attribut ausgedrückt: I. Durch einen spezifisch genitivischen Kasus, bei der Deklination des Pronomens. Tagalisch, aus dem Tell: O, meine Lämmer! = Ay, aṅ akiṅ maṅa tupa! aṅ ist der Artikel, maṅa die Pluralpartikel. akiṅ ist entstanden aus akin + ṅ. ṅ ist eine Ligation, die nach einem Sondergesetz des Tagalischen hier notwendig ist. akin ist Genitiv zum Nominativ ako „ich". — II. Durch den begleitenden Artikel. Tontemboanisch, aus der Beschreibung des Flurpriestertums: Besichtigen die

Fluren der Leute. = s u m e r o i n u m a e t o w. e ist spezifische Genitivform zum pluralen Artikel s e. — III. Durch eine Präposition: Baree, aus der Geschichte von den Dummen Leuten: (Sie) kamen an (den) Mittellauf des Poso. = j e l a r i j a e m P o s o. m ist assimiliert, für n, die Genitivpräposition. — IV. Durch die Ligation. Bontokisch: Fleisch von Büffeln. = i s c a a y n u a ṅ. Ueber die Ligation habe ich in einer frühern Monographie abgehandelt. — V. Durch das Possessiv. Bugisch, aus dem Code Amanna Gappa, Parakara 16: Die Güter des Verstorbenen. = G. Possessiv V. = w a r a m p a r a n n a t o m a t e. — VI. Durch ein abgeblasstes Vollwort. Malayisch, aus dem Hang Tuwah: Die Frauen des Palastes. = F. Inhalt P. = p ĕ r a m p u w a n i s i a s t a n a. — VII. Durch den Status konstruktus, im Niasischen; aus der Gema des Tanzhymnus: (Das) Kleid der Tänzer. = n u c h a z o l a y a. Der Status absolutus ist s o l a y a „Tänzer" siehe § 180. — VIII. Durch die blosse Stellung. Bĕsĕmah, aus der Sprichwörtersammlung: Wie (der) Schweif (eines) Büffels. = l o q i k o q k ĕ b a w.

86. Von diesen acht Möglichkeiten ist die Bezeichnung durch ein Vollwort sehr selten; die Bezeichnung durch eine Präposition und durch blosse Stellung sind beide Gemein-IN. Die Bezeichnung durch ein Possessiv ist weitverbreitet.

87. Die spezifisch genitivische Präposition des IN ist n oder n i; sie ist so weit verbreitet, dass man sie Gemein-IN nennen muss.

Die Präposition n oder n i verschmilzt oft mit dem Artikel. Im Altjavanischen lautet der Artikel a ṅ oder ṅ, die Genitivform heisst n i ṅ. Altjavanisch, aus dem Nagarakrĕtagama: (Das) Reich der Feinde. = r â j y a n i ṅ r i p u k u l a. Gleiche Kontraktion in den romanischen Sprachen: d e l, d i l etc. Altitalienisch, aus der Lauda von Chieri, bei Savj-Lopez und Bartoli: L a d u r a m o r t d e l n o s t r b o n c r e a t o r.

Einige Sprachen haben beide Formen n und n i nebeneinander, so das Gayo. Aus der Blauen Prinzessin, herausgegeben von Snouck Hurgronje: (In der) Richtung des Berges. = t ĕ n t a ṅ n i b u r. Dagegen: Der Name des Lehrers. = g ĕ r a l n g u r u [Hazeu].

88. Wohl keine der IN Sprachen hat nur eine der geschilderten Möglichkeiten. Das Howa z. B. hat genitivische Attribute ausgedrückt durch blosse Stellung und solche bezeichnet durch die Präposition n; das gleiche gilt auch für das Dayakische u. s.

Das Bontokische hat vier Ausdrucksweisen:

I. Durch blosse Stellung. Aus Palpalama: Das Ohr des Fisches. = n a n k o w e ṅ n a n k a c ö u.

II. Durch die Präposition. Aus dem Kolling: Das Wort der Mutter. = nan kali n ina.

III. Durch das Possessiv na. Aus dem Lumawig: Zu den Füssen der Fukan. = s kacapan na Fukan.

IV. Durch die Ligation ay. Aus der Schlacht von Kaloqokan: Fleisch von Büffeln. = isca ay nuaṅ.

89. Wenn eine Sprache mehrere Bildungsweisen für das genitivische Attribut hat, so können dieselben meist nicht willkürlich gewählt werden, sondern es gelten für die Wahl bestimmte Regeln. Diese Regeln sind teils lautlicher, teils semasiologischer Art; es sollen hier beispielsweise einige derselben angeführt werden.

I. Das Dayakische duldet hinter Konsonanten die Präposition n nicht und drückt in diesem Falle das genitivische Verhältnis durch die blosse Stellung aus; aus den Sundermannschen Texten: Die Mitte des Morgens. = benteṅ hanjewu. Das Gayo dagegen kennt diese Einschränkung nicht; Der Name des Lehrers. = gĕral n guru.

II. Das Dayakische duldet die Präposition n nicht nach den meisten Verwandtschaftsnamen; aus den Sundermannschen Texten: Die Mutter des Sangumang. = indu Saṅumaṅ.

III. Ist das regierte Substantiv ein Stoffname oder ein Ländername, so wird das attributive Verhältnis in den meisten Sprachen durch die blosse Stellung ausgedrückt, diese Konstruktion ist also Gemein-IN. Malayisch, aus der Bidasari: Goldene Ringe. = Ringe Gold. = cincin ĕmas. Bugisch, aus Brief Nomoroq 12: Goldfaden. = F. G. = wĕnnam pulawĕṅ, entstanden, nach den Bugischen Sandhigesetzen, aus wĕnnaṅ wulawĕṅ.

90. Sind im Altpreussischen mehrere beigeordnete Attribute von einem Substantiv abhängig, so steht nur das erste im Genitiv, die übrigen im Akkusativ; aus den Texten bei Trautmann: Preis deines heiligen Namens. = Teisin twaias Swintan Emnen.

Sind im Tontemboanischen mehrere durch „und“ verbundene Attribute von einem Substantiv abhängig, so steht nur das erste im Genitiv, die übrigen im Nominativ; aus der Geschichte vom Wĕris-Vogel und Pavian bei Schwarz S. 7, Zeile 16: In der Angelegenheit des Wĕris und des Pavians. = an doroq i Wĕris wo si Wolai. i ist Genitiv, si Nominativ des persönlichen Artikels.

91. Im Bisherigen haben wir das subjektiv-genitivische Verhältnis im Auge gehabt; das objektiv-genitivische Verhältnis nun wird im IdG entweder auf die gleiche Weise wie das subjektiv-genitivische ausgedrückt, oder abweichend davon. Lateinisch amor patriae aber auch amor erga patriam.

Im IN wird das objektiv-genitivische Verhältnis ausgedrückt: I. Gleich wie das subjektiv-genitivische. Basa Sangiang, aus den Totenhymnen. = Gesang auf die Körner des Goldes. = k a r u n j a n e t a n b u l a u. — II. Durch eine Präposition mit weitem Bereich. Samoanisch, aus der Beschreibung der Aitustätten: Die Beschreibung von den Stätten der Aitu's. = 'o l e t a l a i m a l u m a l u o a i t u. Mandailingisch, aus Ophuyzens Tiererzählungen: Wie denn (ist das) Nehmen eines Eichhorns einer Leber eines Krokodils? = b i a m a p a m b u a t n i p i t u d a r d i a t e-a t e n i b u a y a? Die Substantivkonstruktion, statt „Wie kann ein Eichhorn etc.", nach § 140. i im Samoanischen und d i im Mandailingischen sind Präpositionen mit weitem Bereich. — III. Im Nias steht beim objektiven Verhältnis das Attribut im Status absolutus, beim subjektiven im Status konstruktus; aus dem Boro des Tanzhymnus: Gesang für Tänzerinnen. = f a n u n o s a n a r i; aus der Gema desselben: Kleid der Tänzer. = n u c h a z o l a y a. Das anlautende s zeigt den Status absolutus, das z den Status konstruktus an.

92. Das Verhältnis beim genitivischen Attribut ist also im Grossen und Ganzen entweder ein subjektives oder ein objektives. Innerhalb dieser beiden Kreise finden wir aber sowohl im IdG als im IN eine grosse Zahl von feinern Nuancierungen. Altpreussisch, aus den Texten bei Trautmann:

T w a i s e i t a w i s c h i s g e n n a n. = Deines Nächsten Weib: Besitz.

V n d s s t e i s e s g e i j w a s. = Wasser des Lebens: Zweck.

M a l n i j k s s t e i s a n g r ī k a n. = Kind der Sünden: Qualität.

E t w e r p s a n n a n g r e c o n. = Vergebung der Sünden: Objekt. —

Im IN sind diese Möglichkeiten eher noch grösser als im IdG, besonders in poetischen Texten. — Basa Sangiang, aus den Totenliedern:

r o n d o ṅ r i a k. = Die Stadt des Wassers. = am W.

t a n d a k t a w o r. = Das Lied vom Reis.

g e n t o i b u r o ṅ. = Bote der Vögel. = schnell wie V.

l a l a ṅ i t b u l a u. = Wölbung aus Gold.

t i w a h t i ṅ a ṅ. = Fest des Adlers. = herrliches F.

b o s o ṅ h i n t a n. = Riff voll Diamanten.

p e t ä h o n t o ṅ p a n d a k. = Fluch des kurzen Glückes. = Fluch, dass das G. k. sein möge.

93. Es folgen nun einige spezielle Beobachtungen über das *regierende* Wort beim genitivisch-attributiven Verhältnis.

Es gibt in den IN Sprachen vereinzelt Wörter, auch Konkreta, die notwendigerweise ein genitivisches Attribut haben müssen, so im

Dayakischen a n a k „Kind"; aus Sundermanns Texten: Der Hund bellte ein Kind an. = H. d. bellte + an Kind (von) Menschen. = a s o t ä m a n o h o a n a k o l o h.

94. Zahlwörter können, im IdG wie im IN, eine genitivische Konstruktion verlangen. Lateinisch: D u o m i l i a m i l i t u m. — Bontokisch, aus der Schlacht von Kaloqokan: Zwei Kompagnien. = j u w a n k u m p a n y a.

95. Ist das regierende Wort das Pronomen „Derjenige" in Sätzen, wie: „Mein Haus und dasjenige meines Nachbars", so gelten im IdG folgende Konstruktionen: I. Es steht der Artikel. Spanisch, aus Don Quijote VI: In denjenigen der Haushälterin. = E n l a s d e l a m a. II. Es steht das Pronomen, im Französischen. — III. Es wird das Substantiv wiederholt. Lateinisch: C l a s s i s B r i t a n n o r u m m a j o r e s t q u a m c l a s s i s G e r m a n o r u m.

Im IN wird folgendermassen konstruiert: I. Es steht der Artikel, besonders in philippinischen Sprachen. Tagalisch, aus dem Tell: (Ihr seid mein Gast zu Schwyz, ich in Luzern) der Eure. = der von Euch. = a ṅ i n i y o. i n i y o ist spezifische Genitivform des Pronomens k a y o „ihr = vous". — II. Es steht das Pronomen„ Derjenige". Togianisch, aus der Geschichte von Affe und Schildkröte, bei Adriani, De Talen der Togian-Eilanden, S. 23, Zeile 3 von unten: Diejenigen des Affen (wachsen nicht). = a n u i w o n t i. Diese Konstruktion ist selten. — III. Es wird das Substantiv wiederholt. Malayisch: Diese Titulatur ist die eines Königs. = n a m a i t u n a m a r a j a. Diese Konstruktion ist Gemein-IN. — IV. Es wird ein Substantiv im Sinne von „Besitz" verwendet. Bontokisch, aus dem Lumawig: Es erlosch dasjenige des Hirsches. = n a d ö y s a n k o a n n a n o g s a. k o a heisst „Besitz"; s a n und n a n sind beides Artikel mit fast gleicher Funktion. — V. Es findet eine abgekürzte Konstruktion statt. Malayisch, aus dem Hang Tuwah: Sein Auge war wie das eines Falken. = A. sein wie Falke. = m a t a ñ a s a p ĕ r t i h ĕ l a ṅ. Diese Ausdrucksweise ist häufig.

96. Regierendes Wort und bestimmter Artikel im IdG: I. Der Artikel bleibt. Neugriechisch, aus der Komödie Treis Dekaneis: Besorge ich nicht den Tisch der Kompagnie? = D e n k a m n ō t o s y s s i t i o n t o y l o c h o y? — II. Der Artikel fällt: Altirisch, aus den Würzburger Glossen: Wegen (der) Schwäche seines Glaubens. = a r l o b r i a h í r i s s e. — Im Luzäärnertüütsch muss „die Jacke der Mutter" wiedergegeben werden mit: s M u e t t e r s S c h l u t t i, aber „die mattgelbe Jacke der Mutter" mit: s' M u e t t e r s d e ä l b S c h l u t t i. Im erstern Falle fehlt also der Artikel, im letztern steht er.

Im IN sind die Verhältnisse ähnlich: I. Der Artikel bleibt. Howa, aus den Hain-Teny: Die Wurzel des Lebens. = Die W. von dem L. = ny vahatr'y ny aina. — II. Der Artikel fällt. Altjavanisch, aus der Metrik des Mpu Tanakung: (Ich dichte, um zu) wecken die Liebe der Mädchen. = maṅdeya lulut niṅ kanyâ.

97. Nun folgen einige Beobachtungen über das *regierte* Wort beim genitivisch-attributiven Verhältnis.

Wie in den IdG, so können auch in den IN Sprachen mehrere genitivische Attribute von einander abhängig sein. Neuhochdeutsch, aus Herder: Ideen zur Philosophie der Geschichte der Menschheit. — Bugisch, aus den Allegorien: Ich werde mit meinem Geliebten nicht vereint. = (Ich werde nicht) Holz der Leute von Tanette. penraṅ to Tanette. Ueber die abstruse Symbolik, wie sie hier vorliegt, habe ich in einer frühern Monographie abgehandelt. — Folgende Dayakische Stelle, aus Sundermanns Texten, S. 195, Zeile 2 von unten zeigt vier von einander abhängige Attribute: Durch (die) Lieblichkeit (des) Tones (der) Trommel (der) Mutter (der) Nolä. = awi kamaṅat auh garantoṅ indu Nolä.

98. Das regierte Wort kann, im IdG wie im IN, mit dem regierenden identisch sein: Luzäärnertüütsch: Du bist ein Erztaugenichts. = Du bisch aller Löitsche Löitsch. — Maori, aus der Rede des Wiremu Toetoe: Der Herr der Herren. = te ariki o ṅa ariki. Tontemboanisch, aus der Geschichte von Kekekow: (Sie waren) sehr arm. = Arm von den Armen. = lĕṅei e lĕṅei.

99. Das genitivische Attribut braucht im IdG wie im IN nicht notwendig ein Substantiv zu sein, es kann auch irgend eine andere substantivierte Wortart, eine substantivierte Formel, ein Pronomen sein. Altjavanisch, aus dem Kamahayanikan: Die Gesamtheit dessen, das Çubhakarmma genannt wird. = Gesamtheit des genannt werdenden Ç. = salwir niṅ inaranan çubhakarmma.

100. Die Stellung des genitivischen Attributes im IdG: I. Das regierte Wort geht voraus. Lettisch, aus der Erschaffung der Düna: Trinken des Flusses Wasser. = Dsert upes uhdeni. — II. Das regierte Wort folgt. Surselvisch, aus den Märchen bei Decurtins: Die Tochter des Königs. = La feglia dil retg. — III. Die Stellung ist frei. Altfranzösisch, aus dem Rolandslied: Ein Zahn des heiligen Petrus. = Un dent seint Pierre. Er bittet um die Barmherzigkeit Gottes. = priet Deu mercit.

Im IN haben wir bisher nur Fälle behandelt, wo das regierte Wort nachfolgt; und dieser Zustand ist Gemein-IN. Doch kann dasselbe auch vorausgehen; dies ist vor allem bei Sprachen der Fall, die auf Inseln gegen Neuguinea hin gesprochen werden. — I. Das regierte Wort folgt nach. Napu, aus der Geschichte von der Gründung der Welt: Gründung Possessiv Welt. = pewalia na dunia. — II. Es geht voraus. Kupangisch, aus der Geschichte vom Dümmling: Am Geweih des Hirsches. = A. H. G. = se lusali sulukia. Diese Konstruktion gilt nicht nur, wenn das genitivische Verhältnis durch blosse Stellung ausgedrückt wird, sondern auch bei der Konstruktion mit dem Possessiv. Tettum: Die Befehle des Königs. = K. seine B. = nai nian lia. Diese Konstruktion entspricht genau Kapholländischem Willem sy huis. — III. Die Stellung ist frei, aber die begleitenden Formelemente sind verschieden, je nachdem das regierte Wort vor oder nach dem regierenden steht. Englisch: My fathers hat oder: the hat of my father. — Tagalisch: Antons Mutter. = aṅ ina ni Antonio, oder: aṅ kay Antonio ṅ ina. kay ist ein zweites genitivisches Formwort, neben ni, ṅ ist Ligation.

101. Genitivkonstruktion in Konkurrenz mit der Akkusativkonstruktion. Diese Konkurrenz tritt im IN ein beim Nomen Agentis, Aktionis, beim substantivierten Infinitiv. Toba, aus dem Bursok: Bewohner der Ortschaft. = paṅisi ni huta. Bontokisch, aus dem Lumawig: Besitzer des Salzes. = minkoa is nan asin. ni huta ist genitivisch, is nan asin akkusativisch. Aehnliches im IdG. Lateinisch, aus Vergils Äneis: Talia corde volutans, aber: Patriae amans.

102. Die Zahl der genitivisch-attributiven Konstruktionen erleidet im IdG wie im IN Einbusse durch die Konkurrenz lokativischer Fügungen nach folgenden Mustern: Altindisch, aus dem Nala: Herrscher von Nischadha. = Bei den Nischadhern H. = Nišadhešu mahîpatih. — Bugisch, aus dem Paupau Rikadong: Prinzessin von Luwuq. = P. in L. = aruṅ-makunrai ri Luwuq.

103. Die Zahl der genitivisch-attributiven Konstruktionen erfährt im IN eine Vermehrung bei Darstellungen psychischer Vorgänge. Das IN sagt mit Vorliebe: „Die Seele der Mutter freute sich“ und nicht bloss: „Die Mutter freute sich“. Dieser Sprachgebrauch ist Gemein-IN. Makassarisch, aus dem Jayalankara: Der Beamte zürnte = zürnte Sinn Possessiv B. der. = bambammi pamaiq na puṅgawa ya.

Das adjektivische Attribut.

104. Im IN sind die Adjektiven entweder formiert oder sie sind das unveränderte Grundwort. Suměněpisch, aus der Tiergeschichte

„Koceṅ ṅakan tekos“ : Die weibliche Katze. = koceṅ se bineq. Altjavanisch, aus dem Kamahayanikan : Frisches Wasser. = wway matîs. matîs ist formiert, es besteht aus Formans ma + Grundwort tîs, bineq hat kein Formans. Das IN Adjektiv kennt die Motion nach Geschlechtern nicht, wohl aber haben gewisse Sprachen eine organische Komparation.

105. Wie die eigentlichen Adjektiven werden auch die Partizipien, Zahlwörter, Demonstrativa, u. ä. als Attribute verwendet, im IdG wie im IN. Altslovenisch, aus den Freisinger Denkmälern : Drei Namen ein Gott. = Tri imena edin bog. — Bugisch, aus Brief Nomoroq 1: Es gibt davon zwei Bände. = ĕṅkanitu duwa jiliq.

106. Das Personalpronomen kann in gewissen IdG wie IN Sprachen ein Demonstrativ zu sich nehmen. Altindisch, aus dem Nala : Ich da. = Diese ich. = sâham, entstanden aus sâ + aham. — Malayisch, aus dem Hang Tuwah : Wir da (sind Brüder). = Wir diese. = kita ini.

107. Das adjektivische Attribut kennzeichnet sich einmal durch seine Stellung.

Im IdG steht es : I. *Vor* seinem Beziehungsworte. Altsächsisch, aus der Hochzeit von Kana im Heliand : (Die) wonnige Maid. = munalîca magat; Das hohe Haus. = hôha hûs; schimmernden Wein. = skîrianne uuîn. — II. *Nach* seinem Beziehungswort. Mittelirisch, aus dem Anfang des Fled Bricrend : Es war ein grosses Fest. = bói fled mór. — III. Es steht entweder *vor* oder *nach* dem Beziehungswort, wie im Französischen.

Im IN steht das adjektivische Attribut : I. *Nach* seinem Beziehungswort ; diese Regel ist Gemein-IN. Altmalagasy, aus den Ferrandschen Texten : Bittere Früchte. = F. b. = voavoa mafaitry. Baree, aus den Geschichten von den Dummen Leuten : Dumme Leute. = L. d. = tau teṅo. — II. In gewissen philippinischen Sprachen kann das Adjektiv sowohl *vor* als *nach* dem Beziehungswort stehen. Im Bontokischen gilt noch die Sonderregel, dass Adjektiven von alltäglicher Bedeutung wie „gut, gross, klein“ vorausgehen, Partizipien nachfolgen [Seidenadel], eine Regel, die im Französischen wiederkehrt.

108. Zahlwörter, Demonstrativa, Artikel u. ä. folgen, was die Stellung anbelangt, in den einen IdG und IN Sprachen dem adjektivischen Attribut, in den andern haben sie eigene Gesetze. Altenglisch, aus Chaucer : His mouthe as wide was as a grete forneys. Neuprovençalisch, aus der Mireio : Nach provençalischer Manier. = A la maniero prouvençalo. Im Altenglischen Satz gehen beide, Artikel und Adjektiv, dem Beziehungswort voraus ; im Neuprovençalischen geht der Artikel voraus, das Adjektiv folgt. — Ebenso im IN. Bugisch, aus Brief Nomoroq 6: Die verbannte Person. = to riyabeyaṅ e. Howa, aus der Grabrede: Du doch (bist) wie der blaue Vogel. = hianao no toy ny voro maṅga. Im Bugischen Satz folgen beide, Attribut und Artikel, nach, im Howa geht der Artikel dem Beziehungswort voraus, das Attribut steht hinter demselben.

109. Wenn eine Sprache sowohl das adjektivische Attribut als den Artikel postponiert, so ist noch die Frage: Wo steht der Artikel, zwischen Substantiv und Attribut, oder hinter dem Attribut? Im IdG finden wir beide Möglichkeiten: I. Stellung zwischen Substantiv und Attribut. Rumänisch, aus der Pest des Caragea: Mit dem vollen Karren. = M. K. d. v. = cu caru l plin. — II. Stellung hinter dem Attribut. Altbulgarisch, Lukas V, 37 in Leskiens Handbuch: Der neue Wein (zerreisst die Schläuche). = W. n. d. = vino novo e.

Im IN steht der Artikel in der Regel nach dem Attribut. Bugisch, aus dem Paupau Rikaḍong: Die hautkranke Fürstin. = F. h. d. = aruṅ maqlasa-uliq e.

110. Gehören zu einem Substantiv ein genitivisches und ein adjektivisches Attribut, so steht im IN dasjenige Attribut unmittelbar nach dem Substantiv, das sich begrifflich enger an dasselbe anschliesst. Heisst es in einem Sĕraway Sprichwort: Am jenseitigen Ufer des Meeres. = di bĕraṅ sanaw laot, so steht das *adjektivische* Attribut sanaw „jenseitig" unmittelbar nach bĕraṅ, weil es mit ihm eine Einheit bildet. Steht dagegen in dem Bugischen Brief Nomoroq 10: Ein kleines Autogramm. = Zeichen (der) Hand kleines. = bate lima cedeq, so bildet hier das *genitivische* Attribut mit dem Substantiv die Einheit und folgt ihm daher unmittelbar.

111 Das Beziehungswort und das Attribut können, im IN wie im IdG, durch eine eigene Partikel, die man in der IN Forschung Ligation nennt, miteinander verbunden werden. Ueber diese Materie habe ich in Monographie X abgehandelt. Neupersisch, aus den Texten bei Wahrmund: In dunkler Nacht. = In N. d. = Där šäb y tārîk. — Nabaloi: Da ist kein grosses Haus. = Nicht + ist grosses Ligation H. = anchi abadeg a balei. [Scheerer.] Die Ligation treffen wir besonders in den Sprachen der Philippinen.

112. Attribut und Prädikat im IN reinlich geschieden. Wenn wir den Tiruray Satz: i kayeu gribatau *lesen,* so können wir ihn auf zwei Weisen auffassen: „Der hohe Baum" und: „Der Baum ist hoch". Es scheint also, dass hier Prädikat und Attribut nicht reinlich geschieden seien. Allein das ist nur Schein. In Wirklichkeit findet im

IN in allen Fällen eine strikte Scheidung zwischen Prädikat und Attribut statt: I. Durch die Pause. Bedeutet i kayeu gribatau: „der Baum ist hoch", so tritt nach kayeu eine Pause ein; besagt es: „der hohe Baum", so fehlt die Pause. — II. Durch die Kopula. Diese verknüpft nicht nur Subjekt und Prädikat, sondern sie besagt zugleich: Was vor mir steht, ist Subjekt samt den Attributen, was nach mir kommt, Prädikat. Wenn in folgendem Howa Satz aus dem Testament des Umbiasa: ny nofo dia mila hanina die Kopula dia steht, so hindert diese, die Worte aufzufassen als: „Der Leib bedürfend der Nahrung", sie können nur verstanden werden als: „Der Leib bedarf der Nahrung". — III. Einen ähnlichen Dienst wie die Kopula tun die postponierten Artikel und artikelhaften Demonstrativa. Malayisch oraṅ itu mĕṅamoq kann nur heissen: Die Menschen laufen Amoq; oraṅ mĕṅamoq itu: Die Amok laufenden Menschen. — IV. Durch die Ligation; diese sagt: Was nach mir kommt, ist Attribut, noch nicht Prädikat. — V. Durch die Betonung. Im Minankabauischen bedeutet baju kumuăh dipakai si Intan mit „Erhebung der Stimme" bei kumuăh „ein schmutziges Baju, getragen von Intan"; ohne diese Erhebung: ein schmutziges Baju wird von Intan getragen [van der Toorn]. — VI. Die bisher genannten Möglichkeiten beziehen sich alle auf den Fall, dass das Prädikat *nach* dem Subjekte steht. Geht es voraus, so ist es vom Attribut, das ja in der Regel nachfolgt, genugsam geschieden. Das Bontokische lässt daher in diesem Falle die Kopula weg; aus dem Lumawig: Das Feuer ist tot. = T. d. F. = madöy san apuy.

113. Die Zahl der adjektivischen Attribute erleidet im IN dadurch eine Minderung, dass von Stoffnamen und von Ländernamen keine Adjektiven gebildet werden; es tritt hier für das adjektivische das substantivisch-genitivische Attribut ein, man sagt also „ein Beil von Stein", nicht „ein steinernes Beil". Bugisch, aus Brief Nomoroq 3: Bugische Schrift. = Schrift (von) Bugi. = surĕ Wugiq.

Die Apposition.

114. Bei der Apposition zeigt der Usus der IdG Sprachen grosse Verschiedenheiten, besonders in der Stellung und in der Anwendung des Artikels. Mittelhochdeutsch, aus dem Nibelungenlied: Sîvrit der herre; der herre Sîvrit; her Sîvrit ein edel ritter guot; Sîvrit der helt guot.

Aehnlich im IN. Tagalisch, aus der Rütliszene des Tell: Ulrich der Schmid. = si Ulrich na panday. Reding, der Altlandammann. = der Herr R. der alte Landammann. = aṅ maginooṅ Reding, aṅ matandaṅ landammann. Howa, aus der Proklamation der Ranavalomanjaka: Ich, R., Königin von Madagaskar. = izaho Ranavalomanjaka, mpanjaka ny Madagaskara. Im ersten Satz ist die Apposition durch die Ligation, im zweiten durch den Artikel angeknüpft, im dritten einfach angereiht.

115. Das Englische sagt: a maid-servant, oder: a servant maid. — Das Bugische sagt: añaraṅ bai, das Kamberische: bai njara „ein weibliches Pferd“.

116. Eine besondere Art Apposition sind die Numerative, die im IN eine grosse Rolle spielen. Sie gehen bald voraus, bald folgen sie nach. Luzäärnertüütsch: Ich habe drei Köpfe Kohl gekauft. = I ha drü Häutli Chabis g'chauft, aber auch: I ha Chabis, drü Häutli, g'chauft. — Malayisch: Drei Schiffe. = Drei Früchte Schiffe. = tiga buwah kapal, oder: kapal tiga buwah.

117. In mehreren IN Sprachen ist zu beobachten, dass kürzere Appositionen vorausgehen, längere folgen. Altjavanisch, aus dem Prosa-Mahabharata: König Parikschit. = ratu Parîkšit, aber: Der König P. von Hastinapura. = Parîkšit saṅ ratu ri Hâstinapura.

118. Gehört im Griechischen und im Altjavanischen eine Apposition zu einem Personalpronomen, so wird sie vermittels des Artikels angeknüpft. Griechisch: Wir Richter. = Hēmeis hoi dikastai. — Altjavanisch, aus dem Kamahayanikan: Du Buddhasohn. = kita ṅ jinaputra.

119. Die Zahl der Appositionen wird im IN einigermassen dadurch verringert, dass einige Sprachen bei geographischen Begriffen die genitivische Konstruktion anwenden. Sangirisch, aus den Sasamboliedern: Im Dorfe Tamako. = I. D. von T. = su soan Tamako.

Oder die Verknüpfung geschieht vermittels einer Präposition von weitem Bereich. Bugisch, aus Brief Nomoroq 15: Wohnen im Lande Jumpandang. = monro ri tanae ri Jumpandaṅ.

120. Andererseits wird die Zahl der Appositionen dadurch erhöht, dass in mehreren Sprachen, so im Malayischen und Dayakischen, für gewisse Nebensätze Substantivkonstruktionen angewendet werden können, nach folgendem Muster: Dayakisch, aus den Sundermannschen Texten: (Sie gingen auf) die Veranda, wo Sangumang sass. = Die Veranda, den Ort Sangumang sass. = tambiran äka Saṅumaṅ mondok.

121. Die epexegetische Apposition. Das IN gibt den Satz: „Du bist nicht fest in deiner Treue" wieder mit: „Du bist nicht fest, deine Treue". „Deine Treue" ist eine nachträgliche erklärende oder einschränkende Apposition zu „Du". Diese Konstruktion ist in den IN Sprachen sehr beliebt, und kommt sozusagen in allen vor, sie ist also Gemein-IN. Diese Konstruktion steht: I. Bei Eigennamen. Altjavanisch, aus dem Prosa-Mahabharata: Das aber ist die, welche Subhadra heisst. = Die aber S. Name ihr. = s i r a t a s a ṅ S u b h a d r â ṅ a r a n i r a. — II. Bei Schilderungen von Körperbeschaffenheiten. Dayakisch, aus Sundermanns Texten: Die zwei hatten ein verlegenes Aussehen. = Zwei die verlegen A. ihr. = ä w e n t ä r a u r a u a m p i e. — III. Bei der Darstellung psychischer Vorgänge und Zustände. Bontokisch, aus der Schlacht bei Kaloqokan: Alle die Jungen sind unzuverlässig in ihrem Sinn. = A. d. J. s. u. der Sinn ihr. = a m i n a y f o b f a l l o y a e n j u a n a n n i m n i m c a. — IV. Bei Mengeangaben. Makassarisch, aus dem Jayalankara: Krieger warens zehntausend an Zahl. = K. w. z. Zahl ihre. = j o w a q n i y a q s i l a s s a j a i n a. — V. In vielen Einzelfällen. Bugisch, Titel der Allegorien, siehe § 5: Tiefsinnige Gedichte. = G. tief S. ihr. = e l o ṅ m a q l i y u ṅ b ĕ t t u w a n n a.

122. Bei der epexegetischen Apposition steht meist das Possessiv wie in allen Fällen des vorigen Paragraphen. Es kann aber auch fehlen. Cam, aus dem Prinz Kokosnuss: Der Mann hungerte sehr. = M. d. hungrig Bauch sehr. = o ṅ n a n l a p a t y a n l o.

123. Neben der epexegetischen Apposition finden wir, wenn auch seltener, Konstruktionen mit einer Präposition. Cam, aus den Beiden Schwestern: (Sie war) traurig im Herzen. = d r a i d i h a t a i.

Interjektion, Ausruf, Anruf.

124. Die *Interjektion* im Satz. I. Sie *begleitet* das Prädikat. Deutsch, aus Lessings Minna von Barnhelm: H u s c h i s t i h m d e n n e i n R i n g e l c h e n a n d e n F i n g e r p r a k t i z i e r t. — Mentaway, aus den Morris'schen Texten: J i i weinte der Mensch. = i i i š o u š i r i m a n u a. — II. Sie *vertritt* das Prädikat: Sundanesisch, aus den Van der Ent'schen Gesprächen: Nach (dem) Essen kam Kaffee. = s a ṅ g ö s d a h a r b o l c i k o p i. b o l ist kein Verb, sondern eine Interjektion bei den Verben des Erscheinens, oder auch *für* dieselben verwendet. — Luzäärner Rootwältsch: Heiraten, das ist fein! = C h r ö ö n i g p f l a n z e t s! t s ist inspiratorisch gesprochen. —

III. Sie ist für sich allein ein *ganzer Satz*. Deutsch: Bst! — Rottinesisch, aus dem Tierdramolett: Bst! = s u t!

125. Beim *Ausruf* werden wie beim Anruf Wörter gelegentlich gekürzt, im IdG wie im IN. Schweizerdeutsch, nach dem Idiotikon IV, 344: Beim Sakrament! = m ä n t! — Tontemboanisch, aus dem Brand von Kinilow: Er sprach: O Schrecken! = Das Wort sein: O Schrecken! = ĕ ṅ k u a n a: d e q! „Schrecken" heisst i n d e q.

126. Im IdG steht das Substantiv beim Ausruf: I. Im Nominativ. Griechisch: Der Dummkopf! = N ē p i o s. — II. Im Akkusativ. Lateinisch: O h o m i n e m s t u l t u m!

Das nämliche gilt für das IN: I. Tagalisch, aus dem Tell: Der Wütrich! = a ṅ s u k a b! — II. Kamberisch: Du Kerl! = Ein Kerl dich! = h a u m i n i k a u [Wielenga]. a ṅ ist spezifische Nominativform des Artikels, k a u spezifische Akkusativform des Pronomens.

127. Beim Ausruf werden Fragepronomina und Wörter der Vergleichung verwendet. Kleinrussisch, aus der „Rache des Gebirgsbewohners": Wie schön bei uns! = j a k k r a s n o u n a s! — Tagalisch, aus dem Tell: Was seh' ich, Vater! = Was doch das Gesehene von + mir, V.! = a n o p o a ṅ n a m a m a l a s k o, a m a!

128. In gewissen Sprachen, so im Tontemboanischen, Dayakischen, Howa wird beim Ausruf eine Substantivkonstruktion verwendet; und zwar figurieren dabei abstrakte Substantive, gebildet mit Formans k a -. Dayakisch: Wie gross ist doch dein Boot! = O, Grösse von B. d.! = h a u, k a h a i n a r u t m! [Hardeland]. Tontemboanisch: Wie gemein ist dieser Mensch! = Gemeinheit der Mensch dieser! = k a l e w o q s i t u a m a i i t u! — Im Luzäärnertüütsch werden auch abstrakte Substantive im Ausruf von Personen gebraucht: Wie dumm der ist! = Der ist eine Dummheit! = D ä i s c h e T ü m m i!

129. Der *Anruf* kann im IdG wie im IN durch Akzentveränderung charakterisiert werden. Im IdG geschieht das nur in wenig Sprachen, z. B. im Griechischen, im IN ist es so verbreitet, dass man diese Erscheinung Gemein-IN nennen muss. Das IN wirft dabei den Akzent auf die letzte Silbe des Wortes. Karo, aus dem Laga-Man: Oheim, Oheim, schnell! = b ĕ ṅ k i l á, b ĕ ṅ k i l á, k o t i p!

130. Das Toba bildet bei einigen Wörtern einen Vokativ durch Suffigierung des Elementes -ṅ; also o m p u „der Grossvater", o m p u ṅ „O Grossvater!" Aus dem Sangmaima: Wohlan, o Grossvater Sonnengott! = a l e o m p u ṅ M a t a n i a r i!

131. Einige IN Sprachen, so das Kangeanische, kürzen gewisse Wörter im Vokativ. Kangeanisch, aus der Geschichte vom Affen und der Schildkröte: Was gibts denn, Freund! = arapajhu, ca! Das Wort „Freund" heisst kanca.

132. Der Artikel bleibt, im IdG wie im IN, in der Regel weg. Katalanisch, aus der Atlantida: Gott der Rache, verleihe Kraft meinem Gesang! = Senyor de les venjances, donáu alè á mon cántich! — Rottinesisch, aus der Erzählung vom Tiger und der Hirschkuh: Der Tiger sprach. = T. d. sp. = meo-asu a nae; aber: (Sie riefen:) O Tiger! = meo asu o! Im ersten Falle steht der postponierte Artikel a, im zweiten fehlt er. Tagalisch, aus dem Tell: Mutter, der Vater! = ina, si ama!

133. Statt des Artikels stehen, im IdG wie im IN, oft vokativische Partikeln, sie haben ihre Stellung bald vor, bald nach dem Beziehungswort, oder sie treten doppelt auf, vor und nach dem Beziehungswort. Schweizerische Mundarten sagen: Mueter o oder: O Mueter, siehe das Schweizerische Idiotikon I, 22. — Makassarisch, aus dem Epos Datu Museng: O Freunde! = ae bisaṅ! Bimanesisch, aus dem Bango: Unglücksmensch Bango! = cilaka Baṅo e; ibidem: o Bango! = e Baṅo e!

„Ja" und „Nein".

134. „Ja" wird im IdG ausgedrückt: I. Durch ein besonderes Wort. Englisch, aus dem Hamlet: Yess, my lord! — II. Durch Wiederholung des entscheidenden Satzteiles. Kroatisch, aus der Geschichte „Die Weihnachtsfreude": Hast du Mehl? Ich habe. = Imaš li brašna? Imam. Betreffend li siehe § 166. — Ähnlich wird im IdG „Nein" behandelt.

Im IN haben wir die gleiche Erscheinung. Manche Sprachen bedienen sich unterschiedslos beider Ausdrucksweisen, so das Mentaway. Belege für das Mentaway aus Morris' Texten:

Hast du's? Habe. = bara.
Hast du's gehört? Ja. = oṅoṅ.
Hast du's gehört? Nicht habe gehört. = ta kuaräp.
Ihr riecht? Nein, Vater. = ta, ukui.

135. „Nicht" und „Nein" sind in den einen IN Sprachen identisch, in den andern verschieden. Howa: Nicht = tsy; nein = tsia.

Die Ersatzwörter.

136. Fällt einem beim Sprechen ein Begriff nicht sofort ein, so kann man, im IdG wie im IN, die Pause durch Interjektionen ausfüllen, z. B. im Luzäärnertüütsch durch langgezogenes ē m, im Tontemboanischen durch langgezogenes ū. „(Welche Farbe hat das Pferd? ...... Es ist schwarz". = Luzäärnertüütsch ēm, 's isch schwarz. = Tontemboanisch = ū, wuriṅ.

137. Für das Deutsche Ersatzwort „Dingsda, Soundso", hat das IN verschiedene Wiedergaben. In einigen Sprachen erscheint anu, anona „ein gewisser". Das Tontemboanische sagt uanu, eine gekürzte Verdoppelung von anu. Tontemboanisch, aus der Geschichte vom Pokol, S. 47, Zeile 9 in den Schwarz'schen Texten: (Du) Krüppel und Soundso! = pokol ya uanu.

Im Satzverband werden diese Ersatzwörter wie die Wörter, die von ihnen vertreten werden, behandelt. Bugisch, aus Brief Nomoroq 1: Der Brief der Fürstin Soundso. = surĕ na aruṅ weyanu. Aus Brief Nomoroq 2: Der Brief des Fürsten Soundso. = surĕ na aruṅ lanu. aruṅ ist „Fürst" und „Fürstin". na zeigt den Genitiv an. weyanu besteht aus dem weiblichen persönlichen Artikel we + anu. lanu aus dem männlichen persönlichen Artikel la + anu. — Vertritt im Tontemboanischen das Ersatzwort uanu ein Verbum, so muss es selber auch zum Verbum umgeformt werden: mauanu.

138. Für „Etcätera" hat das IN verschiedene Formeln. Das Dayakische hat ranen, gekürzt aus ara enen „Namen welche immer". Mit diesem ranen werden Dinge vertreten, man vergleiche damit, was § 9 über Sundanesisches ṅaran gesagt ist. Beleg: Dayakisch, aus Sundermanns Texten, Seite 209, Zeile 7: (Seine) Mutter, sein Vater, etc. = indu bapa e ranen.

Passiv- und Substantivkonstruktionen.

139. Die passive Konstruktion findet sich im IN sehr häufig, weit häufiger als im IdG. Sie steht u. a.: I. Wenn der aktiv gewendete Satz ein *bestimmtes* Objekt hätte, dies gilt namentlich von philippinischen Sprachen. — II. Bei der Inversion, § 143. — III. Aus stilistischen Gründen, um Abwechslung zu erzielen.

140. Das IN, oder wenigstens viele IN Sprachen, verwenden, mit Vorliebe oder gesetzmässig, Substantivkonstruktionen in folgenden Fällen:

I. Bei Verben des Sagens, Meinens, Beabsichtigens.
II. Bei der Frage.
III. Beim Ausruf.
IV. Bei der Inversion.
V. Beim Einsatz von Nebensätzen.

Alle diese Fälle sind in der vorliegenden Monographie besprochen.

Die einen der IN Sprachen, wie das Tontemboanische, verwenden die Substantivkonstruktionen seltener, die andern häufiger, das Bugische liebt sie sehr und baut sie besonders kühn. Aus Brief Nomoroq 13: (Ich gebe mich damit nicht ab), wegen des Nicht-Zeit-habens. = wegen N. + Z. + h. des. = n a s a b a q a t ĕ s a w e ṅ e.

Anordnung der Satzteile; Inversion.

141. Die *Wortstellung* des IN ist bei der Behandlung der einzelnen Satzteile mitbesprochen worden. Es folgen hier noch einige nachträgliche Bemerkungen: I. Nicht alle IN Sprachen sind gleich streng in der Wortstellung, das Sundanesische ist z. B. laxer als das Masaretische, wie das Altfranzösische freier ist als das Neufranzösische. — II. Bei gewissen Satzteilen ist eine Inversion unmöglich, so namentlich bei dem durch blosse Anreihung gebildeten Genitivattribut. Wollte ich Malayisch a y a r m a t a „Wasser des Auges" = „Träne", invertieren, so ergäbe diese Inversion, m a t a a y a r, „Auge des Wassers" = „Quelle". — III. Umgekehrt hat *ein* Satzteil, das Adverbiale, an und für sich in wohl allen IN Sprachen eine ziemlich freie Stellung, siehe § 83.

142. Die *Inversion* besteht in der Regel darin, dass ein Satzteil im Satze weiter nach *vorne* gerückt wird; meist gibt die Sprache ihm die erste Stelle im Satz, nur dass den Satz einleitende Konjunktionen noch vorausgehen können. Die Inversion dient dazu, den invertierten Satzteil hervorzuheben. Mentaway, aus den Morris'schen Texten: Nimm nicht mich, nimm meine Schwester! = Nicht n. m., Sch. meine nimm! = b a a l a a k u, b a g i k u a l a! Hier ist das Objekt, damit es hervorgehoben werde, aus seiner gewöhnlichen Stellung *nach* dem Prädikat fortgehoben und *vor* das Prädikat gestellt worden.

143. Der IN Sprachgeist weiss es sehr wohl zu vermeiden, dass durch die Inversion Missverständnisse oder Gezwungenheiten entstehen. Das Hauptmittel zu diesem Zweck ist die Umwandlung einer aktiven Verbalkonstruktion in eine passivische oder in eine Substantivkonstruktion, etwa nach folgendem Muster: Bontokisch, aus der Geschichte „Der Affe": Sie bringt nichts als Reis. = Reis nur (ist) das Bringen ihre. = m a k a n y a ṅ k a y n a n y ö i n a.

Hervorhebung eines Satzteiles.

144. Will das IN einen Satzteil besonders hervorheben, so kann es diesen Zweck erreichen: I. Durch die Inversion, siehe § 142. — II. Durch Betonung. — III. Durch symmetrische Gestaltung des Satzes. Malayisch, aus dem Hang Tuwah: Laqsamana wurde nicht getroffen, sondern nur das Präsentierbrett. = tiada kĕna Laqsamana, kĕna talam itu. — IV. Durch Beifügung von hervorhebenden Partikeln, ähnlich griechischem ge oder per. Solche sind uns schon mehrere Male begegnet. Ihre Verwendung ist Gemein-IN. — V. Durch Verwendung der Vollform der Pronomina, oder der Kurzform und Vollform zugleich. Makassarisch, aus dem Jayalankara: (Tu du es), ich fürchte mich. = inakke ku mallaq. inakke ist Vollform, ku proklitische Kurzform für „Ich". — VI. Durch Vorausnahme des zu betonenden Satzteiles vermittels eines Formwortes, das etwa dem Deutschen „betreffend" entspricht. Makassarisch, aus dem Jayalankara: *Ich* habe ein Geschäft. = Betreffend diesen mich, ist G. mein. = ka anne inakke, niyaq hajaq ku. — VII. Durch Doppelsetzung. Bugisch, aus den Elong Osong: Klopft, klopft an die Zelte! = K., k. Z. die! = tampaqi, tampaqi parumparuṅ ede. Vgl. Italienisch, aus Manzonis Promessi Sposi: Er sah einen Mann sich ganz langsam zurückziehen. = Vide un uomo ritirarsi pian piano. — VIII. Durch Ausweitung eines Satzteiles zu einem Nebensatz, besonders bei Zeitangaben, in diesem Fall Gemein-IN. Bugisch, aus Brief Nomoroq 10: (Ich pflege) nachts (zu gehen). = Wenn es Nacht ist. = Wenn N. es. = ko wĕnniwi.

Doppelte Bezeichnung eines Satzteiles.

145. Es kommt im IdG vor, dass ein Satzteil zweimal ausgedrückt wird, ohne dass man Hervorhebung u. ä. bezweckt, z. B. ein Objekt durch ein Substantiv und zugleich durch ein Pronomen. Altspanisch, aus dem Cid: Sie küssten dem Cid die Hände. = Dem C. sie k. ihm d. H. = Al Çid besaron le las manos. Albanisch, aus der Geschichte Skanderbegs: Das Geld zählte er nicht. = Das + G. nicht es z. + er. = Paren nuk e njehte.

Im IN treffen wir diese Erscheinung in folgenden Arten: I. Das substantivische Subjekt oder Objekt wird durch das Pronomen aufgenommen. Diese Erscheinung finden wir z. B. im Bugischen und Makassarischen, wo sie zwar nicht obligatorisch, aber sehr häufig ist; ferner bei Sprachen des Festlandes und der Südsee. Bugisch, aus dem Code Amanna Gappa, Parakara 11: Und der Kapitän steht gleich einem König. = Und K. d. steht + gleich er König. = naiya anakoda e rirapaṅ i aruṅ. Moanus, aus der Geschichte von der Erschaffung der Erde: Die Schlange schuf das Land. = Sch. sie sch. L. = moat i taui kor. — II. Das Personalpronomen im Plural wird durch das im Singular aufgenommen. Diese Konstruktion findet sich im Toba und im Mentaway, und ist in gewissen Fällen obligatorisch. Mentaway, aus den Morris'schen Texten: Wir wollen nicht. = Nicht ich will wir. = ta ku oba kai. Toba, aus den Rätselgeschichten: Geht, es, dass wir das Zuckerrohr nehmen? = G. es, ich nehme wir Z. d.? = jadi do, hu buwat hami tobuon? — III. Das substantivische Adverbiale wird durch ein Adverb aufgenommen. Howa, aus Rahidys Fabeln: In ihrem Bauche verborgen. = V. dort in B. i. = miafina tao an kibony. — IV. Allerlei Einzelfälle. Bugisch, aus Brief Nomoroq 17: Dass ich meinen Herrn wieder sehe! = D. ich w. H. m. = na uwita si paimĕṅ puwakku. „Wieder" ist durch das schwächere si und zugleich das stärkere paimĕṅ ausgedrückt.

Verknüpfung von Satzteilen durch „Und" und „Wie".

146. Das Bindewort „Und" wird im allgemeinen, im IN wie im IdG, auf gleiche Weise verwendet. Altnordisch, aus der Völuspa: Es tobt Dampf und Feuer: = Geisar eimi ok aldrnari. Luzäärner Rootwältsch: Pfarrer und Kaplan. = Sänz und Undersänz; Kartoffeln und Kirschen. = Bumme und Schariisli. — Tonsea, aus den Tatambakanliedern: Mein Vater und meine Mutter. = si ama kuwo si inaku.

147. Das Bindewort kann vor beiden verbundenen Wörtern stehen. Lateinisch: Et classis et exercitus. — Karo, aus dem Laga-Man: Schwein und Reis. = ras babi ras nakan.

148. Werden mehr als zwei Wörter verbunden, so treffen wir verschiedene Arten der Verknüpfung. Altspanisch, aus dem Auto de los Reyes Magos: Gold, Weihrauch und Myrrhe werden wir ihm anbieten. = oro, mira i acenso a el ofreceremos. — Karo, aus dem Laga-Man: Oheim, Vater, Tante und Mutter. = ras bĕṅkila, bapa, bibi ras nande. Im erstern Falle steht das Bindewort nur an dritter Stelle, im letztern Falle an der ersten und vierten.

149. Einige IdG und IN Sprachen haben bei Dingen, die paarweise zusammengehören, ein besonderes Bindewort; hieher gehören das

Lateinische q u e und das Howa a m a n a. „Vater und Mutter." = Lateinisch p a t e r m a t e r q u e. = Howa r a y a m a n - d - r e n y. Howa, aus den Hain-Teny: (Mögen zusammenstürzen) die Erde und (der) Himmel! = n y t a n y a m a n - d a n i t r a. a m a n - d - r e n y < a m a n a r e n y und a m a n - d a n i t r a < a m a n a l a n i t r a, nach Howa Sandhigesetzen.

150. In mehreren IN Sprachen kann, in gewissen Fällen, „Und" durch ein Verbalformans ausgedrückt werden, und es resultieren dabei z. T. recht komplizierte Konstruktionen. Bugisch, aus dem Briefe Nomoroq 15: Der Herr Patola und seine Kinder. = H. P. „bekindert". = p u w a ṅ p a t o ł a m a q r a n a q. Dayakisch, aus den Sundermannschen Texten, S. 194, Zeile 6 v. u.: Nolä und ihre Mutter. = Nolä sie zwei „bemuttert". = N o l ä ä w e n d u ä h i n d u. Bugisch ist „Kind": a n a q, und Dayakisch „Mutter": i n d u.

151. Das Bindewort „Und" kann im IdG in gewissen Fällen wegbleiben. Russisch, aus Turgenjews Erzählung „Das Rendez-vous": (Ihr Ausdruck war) ruhig, sanft. = p r o s t o k r o t k o. Die Weglassung findet besonders statt bei Begriffen, die eng zusammengehören. Umbrisch, aus den Iguvinischen Tafeln VI b.: Sei günstig (und) gnädig! = F u t u f o n s p a c e r!

Im IN findet die Weglassung statt: I. Bei Begriffen, die eng zusammengehören. Altjavanisch, aus dem Kamahayanikan: Bewegung der Hand (und des) Fusses. = s o l a h n i ṅ t a ṅ a n s u k u. — II. Bei Namen von Geschwistern. Makassarisch, aus dem Jayalankara: Es wurden gefangen Mukaddang (und) Mukaddeng. = n i j a k k a l a q M u k a d d a ṅ M u k a d d e ṅ. — III. Bei Synonymen. Cam, aus den Beiden Schwestern: Weinen (und) jammern. = c a u k h i a.

152. Wie „Und", so kann im IN auch „Oder" weggelassen werden; aber dieser Fall ist mir weit seltener begegnet. Cam, aus den Beiden Schwestern S. 14, Zeile 22: Einen Tag (oder) eine Nacht. = h a r e i l e i m ö l a m h a l e i. l e i und h a l e i bedeuten beide: „Ein."

153. *Vergleiche* werden im IN wie im IdG durch Wörter bedeutend: „Wie", „gleich" u. ä. eingeleitet. Howa, aus der Grabrede: Du doch (bist) wie die Wasserlilie. = h i a n a o n o t o y n y t a t a m o.

154. In einigen IN Sprachen hat man für den Vergleich eine Verbalform. Basa Sangiang, aus den Totenliedern: Sie gehen zahlreich. = S. g. wie Sand. = S. g. „besandet". = l i u s h a b a r a s. „Sand" heisst b a r a s.

155. Die Formel „zum Beispiel" wird im IN entweder mit den Wörtern des Vergleichs gebildet, oder es gibt dafür kompliziertere Formeln.

Das Maduresische sagt: mara „wie"; das Makassarische: ala rapa nna „was (ist ein) Beispiel davon?"; das Dayakische: iä tä „es (ist) das". Dayakisch, aus den Sundermannschen Texten: Esswaren, z. B. Zucker. = ramo-n-paṅinan iä tä gula.

Imperativische, negierte und fragende Sätze.

156. Der *imperativische Satz.* Der Imperativ hat in den einen IN und IdG Sprachen ein besonderes Formans, in den andern entbehrt er desselben: I. Imperativ mit Formans, Katalanisch, aus der Atlantida: Lass mich besteigen deine Flügel! = deixa'm muntar tes ales! Howa, aus der Proklamation der Königin Ranavalomanjaka: Möget ihr leben! = veloma hianareo! veloma ist Imperativ zum Grundwort velona. — II. Imperativ ohne spezifisches Formans. Englisch, aus Longfellows Hiawatha; Tell us of this Nawadaha! Masaretisch, aus der Erzählung vom Waldgeist: Wenn ihr zu den Menschen geht, so geht nur mit der Stimme! = Wenn ihr g. zu M. den, ihr g. mit St. nur! = bama kimi kaduk la geba-ro, kimi kaduk tuha eṅan moik! Das indikativische und das imperativische kimi kaduk sind identisch. Bugisch, aus den Satiren: Packt euch, Feiglinge! = esaq ko kelowe. Das Verbum esaq hat kein Imperativzeichen.

157. Die IdG Kopula „sein" ist im IN auch in Imperativsätzen nicht vertreten. Karo, aus dem Laga-Man: Sei du unser Vater! = Du Vater unser! = kam bapa kami!

158. Der Imperativsatz hat, im IdG wie im IN, eine spezielle Betonung.

159. Der Imperativsatz enthält oft, im IdG wie im IN, verstärkende Partikeln. Solche Partikeln sind z. B. Altfranzösisches car, Dayakisches has und ih. Altfranzösisch, aus dem Rolandslied: Wohlan, lasst erschallen den Olifant! = l'Olifant kar sunez! In der Dayakischen Geschichte Keang ñamo steht dreimal: Es werde! Das erste Mal lautet es: has jadi ih; das zweite Mal: jadi ih; das dritte Mal: has jadi ih!

160. Der *negierte* Satz. Die Negation steht im IdG: I. *Vor* dem Prädikat. Angelsächsisch, aus dem Beowulf: Die Menschen können nicht sagen. = Men ne cunnon secgan. — II. *Nach* dem Prädikat. Neuhochdeutsch, aus Gottfried Kellers Legende „Der schlimmheilige Vitalis": Er schrieb den Namen der Sünderin nicht erst in sein Verzeichnis.

Im IN treffen wir ebenfalls beide Stellungen. I. *Vor* dem Prädikat. Nias, aus der Gema des Tanzhymnus: Hinter uns kommen keine Würger. = Nicht kommen h. u. W. = lo moroi furi da emali. — II. *Nach* dem Prädikat. Masaretisch, aus der Geschichte vom Garuda: Sie ertrugs nicht. = rine emte mohe. Dieser Sprachgebrauch findet sich besonders auf den Inseln gegen Neuguinea.

161. In einigen IdG und IN Sprachen steht statt der einfachen Negation eine zweiteilige Formel; Das Prädikat hat seinen Platz zwischen beiden Teilen. I. Die beiden Teile der Formel sind identisch, z. B. Kapholländisch ni . . . . ni, Cam o . . . . o. Kapholländisch, aus „Wat Geld kan Doen“: Ich will hoffen, dass Sie nicht auch Schaden erlitten haben. = Ek wil hoop, dat jy ni oek skade gely het ni. — Cam, aus den Beiden Schwestern: Warum gibts (= hu) nicht Früchte? = sibar o hu bauh o? — II. Die beiden Teile sind nicht identisch, z. B. französisch ne . . . . point, Moanus ne . . . . poen. Mittelhochdeutsch, aus Walther von der Vogelweide: Dar nâch hân ich geslâfen und en weiz es niht. — Moanus, aus der Geschichte von Morau und Morer: Sie essen nicht Gekochtes. = aru ne ani kan poen.

162. In einigen IdG und IN Sprachen wird die Negation durch ein Hilfsverb gestützt, so im Englischen mit to do, im Malayischen mit ada „da sein“. Die Negation ti wird dann im Malayischen mit ada zusammengeschrieben. Malayisch, aus der Bidasari: Diese (= nin) Dayang's wollen (es) nicht gestatten. = dayaṅ nin tiada hĕndaq mĕmbĕri.

163. Im Bontokischen ist die Negation selber ein Verbum, *sie* nimmt die enklitischen Personalpronomina zu sich, nicht das Hauptverbum. Aus dem Lumawig: Wie lange kommen sie nicht! = Wie + lange „nichten“ + sie kommen! = taddo adi-ca umali! — Wenn wir einmal einen Blick in einen andern Sprachstamm, als den IdG und den IN, werfen wollen, so können wir uns erinnern, dass das Finnische auch ein Negationsverbum hat.

164. Das Wort „Ohne“ wird im IN, abweichend vom IdG, meist mit „Nicht mit“ wiedergegeben. Oskisch, aus der Tabula Bantina: Ohne arge List. = Perum dolom mallom. — Malayisch, aus dem Hang Tuwah: Ohne Schuld. = Nicht mit Sch. = tiada dĕṅan dosa.

165. *Der Fragesatz.* Der Satz wird erstens zum Fragesatz durch fragende Pronomina und Adverbien. Schwedisch, aus der Frithjofsage: Was sollte ich, ein Kind des Nordens, im Süden? = Vad skulle jag, ett Nordens barn, i Södern? — Rottinesisch, aus dem

Tierdramolett: Was gehst du denn machen? = Denn du + g. m. was? = te mu tao hata? mu bedeutet „du gehst“.

166. Der Satz wird zweitens zum Fragesatz durch spezifische Fragepartikeln, wie Bulgarisch li, Tagalisch ba. Bulgarisch, aus den Texten bei Berneker: Habt ihr Vieh? = Imate li stoka? — Tagalisch, aus dem Tell: Ist das dein Knabe? = K. dein das? = anak mo ba ito?

Das Bontokische behandelt die Fragepartikel als Verb, die enklitischen Subjektpronomina treten an diese Partikel, nicht an das Vollverb; aus dem Lumawig: Schaust du? = aykö- ka umoošcoṅ?

167. In einigen Sprachen wird das Pronomen „was“, mit abgeschwächtem Sinn, als Fragepartikel verwendet. Altindisch, aus dem Nala: Ist 's denn ein Traum, (was ich gesehen)? = Kin nu svapno? — Ilokanisch, aus den Gesprächen bei Naves: Hast du ein Gewehr? = Was, ist G. dein? = ania adda paltoog mo?

168. Der Satz wird drittens zum Fragesatz durch die Inversion. Malayisch, aus dem Hang Tuwah: Wen wohl kann ich schicken? = siapa gĕraṅan dapat kita mĕnitahkan? Im Malayischen *Aussagesatz* steht das direkte Objekt *nach* dem Verbum.

Die Inversion ist in den meisten IN Sprachen nicht obligatorisch, in einigen sogar unzulässig. Malayisch, aus dem Hang Tuwah: Wohin wollt ihr? = Wollt wohin ihr? = hĕndak kamana kamu? Nordgazellensprache, aus der Geschichte „To Vunakada“: Kernst du schon aus? = Du schon kernst + aus? = u ter iririp? — Auch in den IdG Sprachen ist vielfach die Inversion nicht obligatorisch. Deutsch, aus Lessings Nathan: Ihr staunt, ihr sinnt?

169. Der Satz wird viertens zum Fragesatz durch den Ton. Aus der Betonungsweise des IN Fragesatzes sei folgendes mitgeteilt: I. Das Minankabauische betont im Aussagesatz die letzte Silbe, im Fragesatz die vorletzte [van den Toorn]:

A Hole Pfeffer!
B Pfeffer? = ládo?
A ja, Pfeffer = ladó. —

II. Bontokisch: „Sentence-Questions: With the intonation rising and reaching its highest tone at the final vowel of the sentence.“ [Seidenadel.] — III. Dayakisch:

Er ist krank. = iä hábăn.
Ist er krank? = iä hábán?

„Mit einem auch die letzte Silbe des haban etwas betonenden und sie mittellang machenden Frageton“ [Hardeland].

170. Im Englischen wird bei dem Fragesatz ein Hülfsverb, nämlich t o d o , verwendet.

In mehreren IN Sprachen, so im Malayischen, wird das Verb „da sein“, Malayisch a d a , auf gleiche Weise verwendet, nur ist diese Umschreibung nicht obligatorisch; aus dem Hang Tuwah: Habt ihr je einen weissen Hirsch gesehen? = Ist (es, dass) je ihr h. + g. H. w. = a d a h - k a h p ĕ r n a h k a m u m ĕ l i h a t p ĕ l a n d u q p u t i h? k a h ist Fragepartikel wie Tagalisches b a, § 166.

171. Die Fragesätze nehmen, im IdG wie im IN, oft Partikeln in sich auf, die verstärkend oder abschwächend wirken. Avestisch: Welcher denn (von den zwei Wölfen)? = k a t ā r ō z ī? Jargon-Deutsch, aus dem Simplizissimus, 1913, Nr. 25: W e e s s J o t t, m e i n f r ü h e r e r B e r u f w a r d o c h s c h e e n e r!“ W a t w a r s t e d e n n? — Malayisch, aus der Bidasari: Was soll wohl geschehen? = Geschehen was wohl? = m ĕ n j a d i a p a g a r a ṅ a n?

172. Eine in den Fragesatz eingeflochtene Negation lässt in manchen IN wie IdG Sprachen eine bejahende Antwort erwarten. Toba, aus den Rätselgeschichten: Sollte ich dich nicht gefangen nehmen? = Nicht ich g. + n. dich? = i n d a h u p a t u n d u k h o?

173. Verschiedene IN Sprachen, besonders auf den Philippinen und auf Sumatra, wenden beim Fragesatz mit Vorliebe, zum Teil sogar obligatorisch, die Substantivkonstruktion an. Tagalisch, aus dem Tell: Wer klopft? = Wer der Klopfende? = s i n o a ṅ t u m u t u k t u k? Karo, aus dem Laga-Man: Wie sollen wirs ankehren? = Wie Ankehrung unsere? = k u g a p ĕ r a r i h t a?

Stil und Gefühlskolorit in ihrem Einfluss auf den Satzbau.

174. Einfluss des *Stiles* auf den Satzbau im IN: I. Die den Satz einleitenden Formeln des § 176 haben ihren Platz vor allem in der ruhig fortlaufenden Erzählung, der Dialog hat sie weit seltener. — II. Die primitiven Erzählungen scheuen es, Satzteile mit „Und“ zu verbinden. Mentaway, aus Morris' Erzählungen: Es gab als Speise Bananen und Kokosnüsse. = Gab Sp. B. gab Sp. K. = a i a t k a n b a g o a i a t k a n t o i t ä t. — III. Die Formulierung der Sprichwörter ist oft eine sehr knappe. Bĕsĕmah: Man sammelt schon Baumaterial, bevor das Haus baufällig geworden. = Noch + nicht baufällig, schon sammeln. = l o m b u r o q , l a h m ĕ l a k a r. — IV. Der Stil der Malayischen Epen, so der Bidasari, meidet möglichst das artikelhafte Demonstrativ i t u und die Subjektspartikel p u n , die in der Prosaerzählung sehr dicht figurieren. — V. Die Totenhymnen der Basa Sangiang kennen besonders kühne Genitivverbindungen, § 92. — VI. Die Kindersprache hat mancherlei Eigenheiten. Im Howa ist izaho ein verstärktes aho „ich“, Kinder verstärken noch einmal: izaho-ko „ich von mir“. [Cousins].

175. Der IN Satz kann ein spezifisches *Gefühlskolorit* bekommen: I. Durch besondere Formengebung. Das Dayakische hat eine Konjugation, die der Emphase, um Zorn, Abscheu, Verwunderung auszudrücken [Hardeland]. — II. Durch spezifische Partikeln. So drückt das Bontokische la Ironie aus; aus dem Lumawig: Wo denn solltest du zu dem gelangen? = Wo denn du + gelangen zu dem? = Intomanla maṅalanyuš'ci? — III. Durch grösste Knappheit der Stilisierung. Karo, aus dem Laga-Man: Wenn ich sterben muss, will ich sterben, war sein Gedanke. = Sterben sterben Gedanke sein. = mate mate atena. Diese Stilisierung spricht Entschlossenheit aus. — IV. Durch Änderung der Quantität. Mota, aus der Geschichte von Qat bei Codrington S. 307, Zeile 8: „Dann sagten sie: Jaa“ = „Dann sie so: Jaa“. = naṅ neira wa: wee. Die Verlängerung des Vokales von we „ja“ symbolisiert zögernde Zustimmung. Auch Konsonanten können so verlängert werden. Maduresisch: Alle!!! = kab ......bhi !!! Hier ist, um Verwunderung auszudrücken, die Konsonanz von kabbhi „alle“ ausserordentlich lang angehalten [Kiliaan]. — V. Durch Änderung des Tones. „Höre den Javanen mal verwundert oder erstaunt fragen: Wieso, Herr? = kados-pundi, tuwan?, wie kann er dann diese letzte Silbe wan mit eigenartiger Bewegung der Stimme, in etwas höherm Ton aussprechen.“ [Poensen]. — VI. Durch Änderung von Quantität und Ton. Minankabauisch: Ein (durchgebranntes) Pferd !! = kudooo!! [Van der Toorn]. Vergleiche damit Luzäärnertüütsch: Vater, ein (durchgebranntes) Pferd!!! = Vateeer, es Ross!

Der Satz als Ganzes.

176. Wir treffen in IdG Sprachen Formeln, die den Satzanfang markieren. Hieher gehören Bibelgriechisches egeneto, Lateinisches quo facto, u. ä.

Im IN sind solche Formeln sehr verbreitet, und werden sehr oft angewendet. Hieher gehört z. B. Sumbawaresisches dadi = egeneto, Bolonganisches pupus inan = quo facto. In der Sumbawaresischen Geschichte von Hundekot beginnt fast jeder Satz mit dadi; in der Bolonganischen Geschichte vom Geschwänzten Manne fast jeder mit pupus inan, der erste Satz natürlich ausgenommen.

177. Noch mannigfacher sind die Mittel, welche das IN verwendet, um den Satzschluss zu markieren: Es sind dies erstens *syntaktische* Mittel: I. Die epexegetische Apposition. Malayisch, aus dem Hang Tuwah: Hang Tuwah sammelte auch Brennholz. = H. T. sammelte B. auch, seine Beschäftigung. = H a ṅ T u w a h m ĕ ṅ a m b i l k a y u a p i j u g a k ĕ r j a ñ a. — II. Die Wiederaufnahme des am Satzanfang stehenden Prädikats durch das gleiche Verbum in partizipialer Form am Satzende, im Mentaway; aus den Morris'schen Texten: Der Geist schaute dann aufs Meer. = Schaute dann aufs M. der G. schauend. = i c o n a ṅ a n k a l a u t š a n i t u a m a š i i c o. — III. Gewisse Finalpartikeln. Cam, aus dem Prinz Kokosnuss: (Die) Mutter ging (nach) Hause. = m e k n a o t h a ṅ b e k. b e k ist diese Finalpartikel.

178. Es sind dies zweitens *lautliche* Mittel. — I. Die Sandhigesetze wirken nicht über den Satzschluss hinaus, so im Tontemboanischen. In den Schwarz'schen Texten steht Seite 6, Zeile 7 „. . . a m b i a q i. K u a n o. . ." Das i hat also über den Satzschluss hinaus das k nicht in c verwandeln können. — II. Im Timoresischen werden gewisse Laute am Satzende ganz schwach gesprochen [Jonker], so das u in folgendem Satz aus der Geschichte vom Dümmling: Es ging drei Tage. = G. T. drei. = n a n n e n o g t e n u.

179. Es sind das drittens die Mittel der *Betonung*. Sundanesisch: Das Ende eines Satzes wird durchgehend sehr gedehnt und „zangerig" ausgesprochen, und die vorletzte Silbe des Satzes bekommt meistens einen besondern Nachdruck [Coolsma]. Dayakisch, Mantangai-dialekt: Die Aussprache des Mantangai-dialektes ist sonst ziemlich wie die des Pulopetak-dialektes, nur wird das letzte Wort jedes Satzes mehr gedehnt und kräftiger betont gesprochen [Hardeland]. U. a. m.

180. Innerhalb eines Satzes können im IN gewisse Satzteile zu einer *engern Gruppe* zusammentreten:

I. Im Bugischen und Makassarischen bildet das Prädikat zusammen mit den Kurzpronomina, der Negation, gewissen Adverbien und verschiedenen Partikeln eine solche Gruppe. Die Einheit der Gruppe wird bewirkt durch Assimilationen, Elisionen, Einschiebung von Bindelauten, u. ä. Ich habe hierüber in einer frühern Monographie abgehandelt. Beispiel, aus Brief Nomoroq 12: Ich will diese alle. = u w e l o r i m a n ĕ n n i r o. Dieser Komplex besteht aus u „ich", e l o r i „wollen", m a n ĕ ṅ „alle", n a „Partikel der Hervorhebung", i „sie", r o „diese". Der Laut w ist eingeschoben, ṅ assimiliert, a von n a elidiert. — II. Endigt im Mentaway ein Wort auf eine Tenuis, so bleibt diese im Satzverband nur vor folgendem Konsonanten, vor Vokal tritt dafür der homorgane Nasal ein; umgekehrt, endigt ein Wort auf einen Nasal, so muss dieser vor Konsonanten zur homorganen Tenuis werden; diese Regel gilt aber nur, wenn die beiden Wörter sich enger zusammenschliessen, z. B. bei Subjekt + Prädikat. In den Morris'schen Texten Seite 70, Zeile 9 steht demgemäss: Ich bin da. = B. + da ich. = a i a n a k u, und in der gleichen Zeile: Unsere Schwester ist da. = I. + d. Sch. u. = a i a t b a l i u t a. — III. Im Niasischen, wo jedes Wort auf einen Vokal endet, wird bei zwei Wörtern, die eng zusammengehören, der Anlaut des zweiten Wortes, wenn er stimmlos ist, stimmhaft gemacht, er nimmt vom vorausgehenden Vokal den Stimmton herüber. Im Satze aus dem Boro des Totenhymnus: Es starb Sirao. = a t u a Z i r a o, tritt die Sonorifizierung ein, denn Subjekt und Prädikat werden als eng verknüpft empfunden. In dem Satze aus der Burutigeschichte: Die ältere Schwester redete. = i m a n e s i a q a, unterbleibt die Sonorifizierung des s von s i. Es ist nämlich das Subjekt s i a q a „die ältere Schwester“ nach dem § 145 durch i „sie“ vorausgenommen, der Satz heisst also ganz wörtlich: „Sie redete, die Schwester“, dadurch werden „redete“ und „Schwester“ nicht mehr als eng verknüpft empfunden.

Diese Sonorifizierung, die ursprünglich ein rein lautlicher Vorgang war, ist nun von der Sprache zu bestimmten Zwecken beim Satzbau ausgenützt worden, wie wir in dieser Monographie mehrere Male zu beobachten Gelegenheit hatten. Man nennt hiebei die ursprüngliche, nicht sonorifizierte Gestalt eines Wortes den Status absolutus, die sonorifizierte Gestalt den Status konstruktus. Wie sich das Niasische nun behilft, wenn ein Wort schon ursprünglich mit einem Sonorlaut, etwa mit einem Vokal anlautet, habe ich in einer frühern Monographie behandelt.

Die Sonorifizierung hat eine gewisse Aehnlichkeit mit der Lenierung des Altirischen, beide treten z. B. nach gewissen Pronomina ein. Niasisch, aus der Futigeschichte: Was für ein Häuptling? = h a d i a z a l a w a? Altirisch, aus den Würzburger Glossen: Dein Geschlecht. = D o c h e n é l. Ohne Sonorifizierung: s a l a w a, ohne Lenierung: c e n é l.

181. *Unvollständige Sätze.* Satzteile können im IdG weggelassen werden, wenn sie sich aus der Situation oder aus den vorausgehenden Worten von selber ergeben; das findet vor allem bei Gesprächen statt. Schiller, aus dem Tell: U m G o t t e s w i l l e n, F ä h r m a n n, E u r e n K a h n! Italienisch, aus Dante: Und er sprach zu mir. = E d e g l i a m e.

Im IN machen wir die gleiche Beobachtung: I. Weglassung von Satzteilen, die sich aus der Situation ergeben. Tahitisch, aus der Geschichte vom Ruahatu: (Da sagten sie:) Ein Fisch! = eia. Bugisch, aus Brief Nomoroq 22, Anfang: Gruss! = salamaq. Brief Nomoroq 5, Schluss: sikusi „So viel“. — II. Weglassung von Satzteilen, die sich aus dem Vorausgehenden ergeben: Altjavanisch, aus der Metrik: Wenn zwei, so heisst es Atyukta. = W. z., A. Name sein. = yan rwa, Atyukta ṅaranya. Gemeint: „Beträgt die Zahl der Silben zwei“.

In vielen IN Sprachen wird das Prädikat „handeln“ oder „kommen“ und „gehen“ weggelassen, wenn es sich aus dem folgenden Adverb oder der folgenden Präposition erraten lässt. Altjavanisch, aus dem Prosa-Mahabharata: Tu nicht so! = Nicht so du! = haywa m:aṅkana kita! Malayisch: Ich gehe auf den Markt. = I. nach M. = saya ka pasar.

Partikeln, Sandhi, Betonung.

182. Diese Materien sind in andern Zusammenhängen behandelt. Nur eine Partikel muss hier noch nachgetragen werden. Es gibt in gewissen, IdG wie IN, Sprachen eine Partikel, also ein nichtverbales Ausdrucksmittel, um das deutsche „Siehe!, Sieh' da!“ wiederzugeben. Altarmenisch, Matthäus XXVIII, 2 bei Meillets Altarmenischem Elementarbuch: Siehe! (es geschah ein grosses Beben.) = Aha! Niasisch, aus den Kinderliedern: Siehe! Dort kommt meine Mutter. = Siehe, kommt dort M. meine. = hiza! moroi sa nina gu.

Formulierung von Titeln.

183. Die Titel werden im IdG gegeben: I. Durch ganze Sätze. Luzäärnertüütsch, aus Rämmert vom Mösli: Wi si de arm alt Bäri vertränkt hend. — II. Durch Substantivkonstruktionen: Luzäärnertüütsch, aus Rämmert vom Mösli: Der böse Geist der Schweiz. = s'Hilfättishuser Gspeist.

Diese Titel werden im IN gegeben: I. Durch ganze Sätze. Rottinesischer Titel: Ich erzähle vom Affen und vom Krokodil. = Ich erz. Affen den und K. das = Au tui kode ano beisa. Bugischer Titel: Folgendes erzählt die Geschichte von Sultan Injilai. = Iyanae powadaadai paupau na sulëtanulë Injilai. - II. Durch Substantivkonstruktionen. Samoanischer Titel: Die Geschichte von der Entstehung von Samoa. = 'O le tala i le tupuṅa o Samoa.

Bugischer Titel: Die Geschichte, der zugenickt wird. = P a u p a u r i k a d o ṅ. Bugisch, aus Brief Nomoroq 12: (Ich suche für Sie eine) Handschrift (des) Galigo (epos). = s u r ë G a l i g o.

Die einheimische Interpunktion.

184. Das Toba hat keine Interpunktion. Das Javanische hat zwei Zeichen, die unserm Komma und Punkt entsprechen. Das Bugische hat nur ein einziges Zeichen, übereinander gestellte Punkte; dieses Zeichen scheidet Sätze, und innerhalb eines Satzes Satzteile, die nicht als eng verknüpft empfunden werden. Muster Bugischer Interpunktion, aus Brief Nomoroq 13: Dort im Kampong Wajo findet man das Galigoepos: Da hat mans: Was mich betrifft: nicht: Herr: denn: Sie mögen es mir glauben: Ich bin zwar ein Bugier: aber ich gebe mich nicht ab mit etwas wie das Galigogedicht: Herr: weil ich keine Zeit habe.

Schlussbemerkung.

185. Die kompliziertern Satzgebilde, Relativsätze, Bedingungssätze, etc. werden Gegenstand einer eigenen Monographie sein.

Künftige Veröffentlichungen des gleichen Verfassers.

Die Monographien werden fortgesetzt, bis der IN Sprachstoff völlig ausgeschöpft ist Sie werden zusammen eine Enzyklopädie der IN Sprachwissenschaft darstellen, in möglichst knappem Ausmass, aber so, dass nichts von Belang unbehandelt bleibt. Unmittelbar nachdem die Serie der Monographien abgeschlossen sein wird — wahrscheinlich aber schon vorher — beginnt Verf. mit der Veröffentlichung seines vergleichenden Wörterbuches der IN Sprachen.

Zunächst erscheinen:

Monographie XII. Synonymik eines indonesischen Idiomes, auf vergleichender Grundlage.

Monographie XIII. Geschichte der indonesischen Sprach- und Literaturforschung.